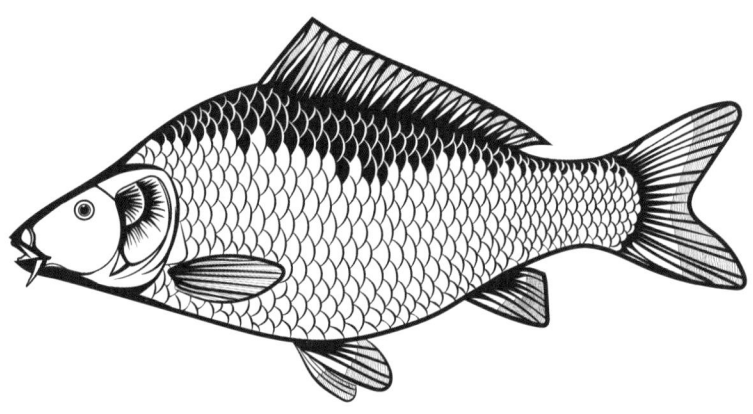

Impressum

2. Auflage

© 2018 by Löwenzahn in der Studienverlag Ges.m.b.H., Erlerstraße 10, A-6020 Innsbruck
E-Mail: loewenzahn@studienverlag.at
Internet: www.loewenzahn.at

Umschlag- und Buchgestaltung sowie grafische Umsetzung:
DI (FH) Philipp Wagner, www.gestaltungskompetenz.at

Fotografien:
Rezepte: Wolfgang Hummer, www.wolfganghummer.com
Reportagen: Ernst M. Preininger, www.ernstpreininger.com
Umschlag: Wolfgang Hummer

Gedruckt auf umweltfreundlichem, chlor- und säurefrei gebleichtem Papier.

Bibliografische Information Der Deutschen Bibliothek
Die Deutsche Bibliothek verzeichnet diese Publikation in der Deutschen Nationalbibliografie;
detaillierte bibliografische Daten sind im Internet über <http://dnb.dnb.de> abrufbar.

ISBN 978-3-7066-2634-7

Fisch
ECHT
EINFACH

Köstliches aus heimischen Gewässern

mit Fotografien von
Wolfgang Hummer
Ernst M. Preininger

Löwenzahn

Inhalt

Fischarten **010**

Zum Schmökern **020**

024 —— **Zum Anfangen**

056 —— **Zum Reinlegen**

Inhalt

Zum Anbeißen

066

Fischschule

162 Gut zu wissen

„Als Köchin und ehemalige Restaurantbetreiberin glaube ich, dass heimischer Fisch unterschätzt, aber auch überschätzt wird. Zum einen ist die Sortenvielfalt reichhaltiger, als viele annehmen. Es gibt nicht nur Forellen und Saiblinge. Zum anderen ist die Angst, Fisch falsch zuzubereiten, sehr verbreitet. Man kann aber getrost behaupten, dass die Zubereitung von frischem Fisch meist ganz einfach ist. Oft reichen bloß Butter und Salz."

Angela Hirmann

„Als Fischzüchter, Direktvermarkter und Sohn eines Berufsfischers aus dem Salzkammergut ist Fisch seit jeher Teil meines Lebens. Im Kontakt mit den Kunden auf diversen Märkten bemerke ich, dass auch beim Fischeinkauf die Skepsis in Bezug auf die Produktionsbedingungen aus gutem Grund immer größer wird."

Markus Moser

Vorwort

Für dieses Kochbuch haben sich eine Köchin und ein Fischzüchter zusammengetan, um Neues zu kreieren, Altes zu dokumentieren und Wissen und Erfahrungen auszutauschen. Wir haben gemeinsam gefischt, gekocht, gegessen, getrunken, diskutiert, philosophiert sowie genossen, damit Süßwasserfische wieder vermehrt den Weg in unsere Töpfe und Pfannen finden.

Im Zuge unserer Recherchen haben wir ein Jahr lang Fischerinnen und Fischer sowie Fischproduzenten in Deutschland und Österreich besucht. Wir waren beeindruckt von der Freude an ihrer Berufung, ihren Traditionen, aber auch Innovationen und ihrem bewussten Blick in die Zukunft. Das spiegelt sich nicht nur in der nachhaltigen Arbeitsweise wider, sondern auch in den oft selbstauferlegten Regeln und Pflichten, um die Existenz weiterer Generationen zu sichern.

Unser Buch soll dazu beitragen, Fragen zu beantworten, Skepsis zu verringern und Lust auf heimische Süßwasserfische zu machen. Gezielter Konsum verändert die Welt. Obwohl die Nachfrage nach Fisch in den letzten Jahren stetig steigt, ist der Anteil an Süßwasserfischen aus heimischer Fischerei oder Aquakultur noch gering. Bei den hochwertigen Wasserressourcen, die wir im Alpenraum haben, wäre viel mehr möglich. Doch dafür braucht es bewusste und aufgeschlossene Konsumenten, die den Wert unseres Lebensmittels Fisch zu schätzen wissen.

Mit den Rezepten hoffen wir, eine gute Auswahl getroffen zu haben. Wir haben nicht nur versucht, abwechslungsreiche Zubereitungsarten einfließen zu lassen, sondern auch bekannten und weniger bekannten Fischarten eine schöne Bühne zu geben. Bitte versteht die Rezepte nicht dogmatisch, probiert einiges aus, lasst Zutaten weg, ersetzt Fische durch andere, für euch leichter erhältliche, und vor allem: Habt Freude am Ausprobieren und Genießen.

Wenn Fisch auf den Teller kommt, dann greift zum Besten, was regional verfügbar ist. Ihr unterstützt damit die heimischen Fischbetriebe und sorgt auch für eine langfristige und ökologische Bewirtschaftung unserer Gewässer. Der vielleicht höhere Preis sichert euch frische, unbedenkliche Qualität und beschert euch den besten Geschmack.

Wir wünschen euch viel Spaß beim Ausprobieren und zahlreiche Stunden voller Genuss und Glück!

Alles Liebe

Angela Hirmann und Markus Moser

Fischarten

Lachsartige Fische (Salmoniden)

Bachforelle
Salmo trutta fario

Aussehen: meist gedrungen torpedoförmig, seitlich etwas zusammengedrückt, die Schnauze ist eher stumpf, das Maul bis hinter die Augen gespalten. Bei älteren männlichen Fischen bildet sich ein mäßig ausgebildeter Unterkieferhaken. Die Farbe wechselt je nach Aufenthaltsort sehr stark. Sogar in gleichen Gewässern können unterschiedliche Färbungen auftreten. Häufig ist der Rücken grünlich oder bräunlich, die Seiten eher heller. Auf den Körperseiten schwarze und rote Punkte, wobei die roten von einer helleren Zone umsäumt sind.

Vorkommen: Über ganz Europa bis zum Ural, Irland und Kleinasien verbreitet. Bevorzugt sauerstoffreiche kühle Flüsse und Seen bis zu einer Höhe von 2500 Metern.

Die mittleren Größen liegen je nach Lebensraum zwischen 20 bis 50 cm. Unter günstigsten Bedingungen kann sie bis zu 8 kg schwer werden.

Laichzeit: von September bis Februar.

Die Bachforelle hat ein sehr zartes Fleisch und schmeckt angenehm mild.

Regenbogenforelle
Oncorhynchus mykiss

Aussehen: Kopf und Körperform ähnlich der Bachforelle. Der Rücken meist dunkelgrün bis braungrün, je nach Aufenthaltsort, die Seiten heller, Bauch ganz hell und silbrig glänzend; entlang den Körperseiten ein breites rötliches, in den Regenbogenfarben schillerndes Band. Kleine schwarze Flecken am ganzen Körper und auf dem Rücken, Fett- und Schwanzflossen.

Vorkommen: Stammt aus Nordamerika und wurde in den 1880er Jahren nach Europa importiert. Mittlerweile ist sie vor allem durch die Aquakultur auf dem ganzen Erdball verbreitet. Bevorzugt ähnliche Gewässer wie die Bachforelle.

Regenbogenforellen werden bis zu 120 cm lang und können ein Gewicht von 15 kg erreichen.

Laichzeit: von Dezember bis Mai (Nördlich des Äquators).

Die Regenbogenforelle schmeckt zart, mild und besticht durch ihren geringen Fettgehalt.

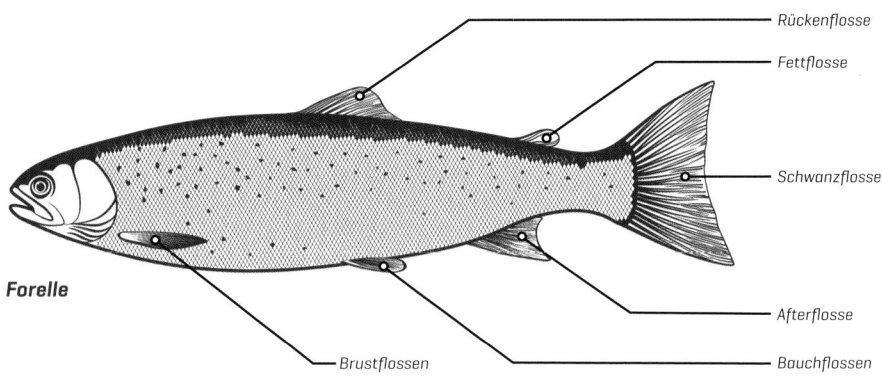

Forelle

Rückenflosse
Fettflosse
Schwanzflosse
Afterflosse
Bauchflossen
Brustflossen

Aussehen: langgestreckter, seitlich etwas abgeflachter Körper, ältere Tiere etwas hochrückiger als Jungtiere. Stumpfschnäuziger Kopf, dessen Maulspalte bis hinter die Augen reicht. Die Färbung ist je nach Lebensraum stark wechselnd. Der Rücken reicht von Blaugrün bis Braungrau, die Seiten sind heller mit schwarzen Flecken in verschiedener Form, bei jüngeren Tieren können die Flecken auch ins Rostbraun und Orange gehen. Die Seeforelle ist eine speziell an ihre Umgebung angepasste Unterart der europäischen Forelle.

Vorkommen: große, tiefe, sauerstoffreiche Seen von Russland, Skandinavien, Island, den britischen Inseln über Mitteleuropa und dem alpinen Raum.

Mittlere Länge von 40 bis 80 cm, maximal 140 cm und kann bis zu 20 kg schwer werden.

Laichzeit: von Oktober bis Dezember.

Sehr ausgewogene Fleischstruktur mit angenehmem Aroma.

Seeforelle
Salmo trutta lacustris

Aussehen: Seine Körperform ist typisch torpedoförmig. Wie alle Salmoniden hat auch der Saibling eine Fettflosse. Die bauchseitigen Flossen haben einen auffällig rotorange gefärbten Saum mit weißem Rand. Charakteristisch ist die schmale schwarze Abgrenzung dieses weißen Randes gegen das Rot der Flossen. Der Rücken ist braun gefärbt und olivfarben marmoriert.

Vorkommen: Bevorzugt wie die Forelle sauerstoffreiche und kalte Fließgewässer und wurde, wie die Regenbogenforelle, in den 1880er Jahren aus Nordamerika nach Europa importiert und ist neben der Regenbogenforelle ein wichtiger und beliebter Speisefisch in der Aquakultur.

Die Durchschnittsgröße liegt bei 35 bis 55 cm. In der Aquakultur und unter idealen Bedingungen kann er ein Gewicht von bis zu 5 kg erreichen.

Laichzeit: von Oktober bis Februar.

Das Fleisch des Bachsaiblings ist fest und hat ein leicht zitroniges Aroma.

Bachsaibling
Salvelinus fontinalis

Seesaibling
Salvelinus alpinus

Aussehen: langgestreckter, im Alter etwas hochrückiger Körper. Der Rücken ist graugrün, blaugrün oder braun; die Seiten heller mit runden hellen Punkten, der Bauch weiß bis gelblich, in der Laichzeit rot oder orangefarben. Die Bauchflossen und die Afterflosse mit leuchtend weißem Saum.

Vorkommen: Der Seesaibling hat ein durch die Eiszeiten weitverstreutes Verbreitungsgebiet. Er lebt sowohl in isolierten Binnenseen als auch in küstennahen Meeresgewässern im nördlichen Eismeer. In den Alpen bevölkert er Seen bis in eine Höhe von 2600 Metern.

Seesaiblinge werden 40 bis 75 cm lang. Unabhängig von der erreichten Körpergröße gilt der Seesaibling mit bis zu 40 Jahren als sehr langlebig. In vielen Seen gibt es Kümmerformen, die kaum mehr als 25 cm Länge erreichen. Die wohl bekannteste dieser Zwergformen ist der sogenannte „Schwarzreiter", in geräucherter Form eine besonders in Bayern geschätzte Delikatesse.

Laichzeit: von September bis Jänner.

Der Seesaibling hat ein leicht lachsfarbenes Fleisch mit zart mineralischem Geschmack. Der im Handel erhältliche Alpenlachs bzw. Eismeersaibling ist im Übrigen auch ein Seesaibling.

Reinanke/Renke/Felchen
Coregonus

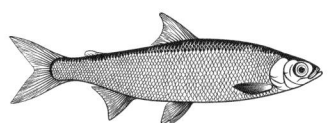

Aussehen: je nach Lokalrasse mit mehr oder weniger schlankem, heringsähnlichem Körper mit kleinem Kopf und spitzer bis nasenförmig verlängerter Schnauze. Rücken bläulich grün oder dunkelgrün, Seiten und Bauch weiß bis silberglänzend. Schuppen sind größer als bei Forellen.

Vorkommen: Bewohnt die meisten größeren, sauerstoffreichen und tieferen Seen der Alpen und des Voralpengebietes. Fisch des freien Wassers, der nur selten in den Uferzonen anzutreffen ist. Die Gattung Coregonus ist innerhalb der Ordnung der Lachsartigen die artenreichste. Durch ihre äußere Erscheinungsform lassen sich die einzelnen Arten nur schwer unterscheiden.

Länge 25 bis maximal 50 cm. Die Kümmerform Riedling, *Coregonus danneri*, wird bis maximal 25 cm lang.

Laichzeit: von Oktober bis Februar.

Reinanken zeichnen sich durch ihr weißes, festes Fleisch mit kräftigem Geschmack aus. Kenner meinen zarte Thymiannoten im Geruch zu erkennen, außerdem schmecken Reinanken je nach Gewässer unterschiedlich.

Karpfenartige Fische

Aussehen: gedrungener, kräftig gebauter Körper, Bartfäden an jedem Mundwinkel, winzige Schuppen entlang der Seitenlinie, sehr dicke schleimige Haut, von der auch ihr Name herrührt. Rücken meist dunkelgrün oder braun, Seiten heller mit Messingglanz, Bauchseite gelblich weiß.

Vorkommen: überwiegend in langsam fließenden Gewässern und flachen wärmeren Seen und Teichen mit dichtem Pflanzenbewuchs und Schlammgrund. Ist in ganz Europa bis Sibirien verbreitet.

Die Schleie wird 20 bis maximal 60 cm lang und kann bis zu 7 kg schwer werden.

Laichzeit: von Mai bis Juli.

Die Schleie ist bei Kennern ein absoluter Geheimtipp. Sie schmeckt fest, ist fett- und grätenarm und hat einen feinen nussigen Geschmack. Wenn Schleien in sehr warmen und schlammigen Gewässern gefangen wurden, sollte man sie in frischem Wasser wässern.

Schleie
Tinca tinca

Aussehen: Die Stammform des Karpfens weist einen langgestreckten, breitrückigen, seitlich etwas abgeflachten Körper auf und hat ein vollständiges Schuppenkleid. Auffällig sind zwei lange und zwei kürzere Bartfäden an der Oberlippe. Rücken meist blaugrün bis dunkelgrün und braungrün, Seiten blaugrün bis goldgelb, Flossen blaugrün mit rötlichem Ton.

Vorkommen: warme stehende und langsam fließende Gewässer mit Sand oder Schlammgrund und reichem Pflanzenbewuchs. Das ursprüngliche Verbreitungsgebiet des Karpfens umfasst die Zuflüsse des Kaspischen und des Schwarzen Meers sowie des Aralsees und reicht in Europa bis zur mittleren Donau. Er wurde bereits im 13. Jahrhundert als wichtiger Teichfisch in ganz Mitteleuropa verbreitet.

Karpfen erreichen meist eine Länge von 30 bis 50 cm, können in Einzelfällen bis 120 cm lang und über 40 kg schwer werden. In der Aquakultur erreicht der Karpfen nach ca. drei Jahren ein Schlachtgewicht von 2,5 kg. Manche Karpfen sollte man vor dem Verzehr für einige Zeit in frischem Wasser auswassern, um eventuell erdigem Geschmack vorzubeugen.

Laichzeit: von Mai bis Juli.

Entgegen hartnäckiger Vorurteile ist der Karpfen bei richtiger Haltung ein fettarmer, geschmackvoller Fisch mit festem Biss.

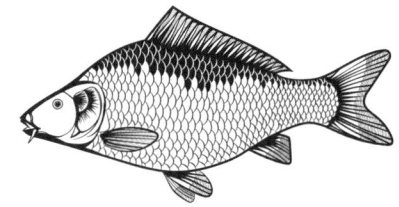

Schuppenkarpfen
Cyprinus carpio

Karausche/Moor- oder Bauernkarpfen
Carassius carassius

Aussehen: hochrückiger, gedrungener, seitlich abgeflachter Körper, keine Bartfäden am Maul, große Schuppen ähnlich dem Schuppenkarpfen. Rücken bräunlich mit Grünglanz, Seiten heller gelblichbraun, Bauchseite gelblich bis schmutzigweiß. Auffälliger dunkler Fleck seitlich mittig, kurz vor der Schwanzflosse.

Vorkommen: überwiegend in flachen Tümpeln und Seen mit Pflanzenbewuchs. Die Karausche lebt fast in ganz Mitteleuropa. Woher sie ursprünglich stammt, ist noch nicht ganz geklärt.

Sie ist extrem widerstandsfähig und kann sogar das Durchfrieren von Teichen durch ihren hohen Alkoholgehalt im Blut überleben.

Karauschen können bis zu 65 cm lang und bis zu 3 kg schwer werden.

Laichzeit: von Mai bis Juni.

Das Fleisch der Karauschen besticht durch die zarten Pilzaromen (erinnern an Parasol), die ihm anhaften.

Amur/Graskarpfen
Ctenopharyngodon idella

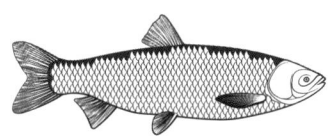

Aussehen: langgestreckter Körper mit stumpfer, zwischen den Nasenlöchern eingedellter Schnauze, ohne Bartfäden. Die Bauchseite ist abgerundet, große Schuppen entlang der Seitenlinie, Rücken dunkelgrün bis grünschwarz, Seiten heller und grünlich; Bauch weißlich, Schuppen dunkel umrandet.

Vorkommen: Stammt wahrscheinlich aus den Ebenen Chinas, bevorzugt ruhige, tiefe Seen mit hoher Wassertemperatur. In den 1960er Jahren wurde er auch in vielen Gewässern in Europa und Amerika, oft zusammen mit Silberkarpfen und Marmorkarpfen, zur Bekämpfung von Wasserpflanzen ausgesetzt.

Für ein Kilogramm Körpermasse muss ein Amur 40 kg Grünmasse vertilgen, er wird deshalb manchmal als „Teichkuh" bezeichnet.

Maximale Länge bis zu 120 cm, kann bis zu 30 kg schwer werden.

Laichzeit: zwischen April und Juli bei ansteigenden Wassertemperaturen.

Der Amur oder Graskarpfen hat feinblättriges, weißes Fleisch mit feinem, klarem Geschmack.

Aussehen: Ähnelt im Körperbau und Schuppenkleid sehr dem Rotauge und wird deshalb auch sehr oft mit diesem verwechselt.

Zwei wesentliche Unterscheidungsmerkmale sind die leicht goldglänzenden Augen rund um die Pupille, die beim Rotauge deutlich rot sind.

Vorkommen: Ruhige Gewässer mit weichem Grund, ist in ganz Europa von den Pyrenäen bis hin zum Aralsee verbreitet. Eine etwas kleinere und langgestrecktere Unterart der Rotfeder kommt nur im südlichen Griechenland vor. Sie wird als „Griechische Rotfeder" bezeichnet; ihre Bestände sind aber durch Dürren und Umweltverschmutzung bedroht.

Laichzeit: von April bis Mai.

Rotfedern sind im Geschmack kaum vom Rotauge zu unterscheiden und haben ein ebenso feines Aroma.

Rotfedern werden auch manchmal gezielt in Gewässer eingesetzt, um die sogenannte „Wasserpest" (stark wuchernde, nicht heimische Wasserpflanze) zu bekämpfen.

Rotfeder
Scardinius erythrophthalmus

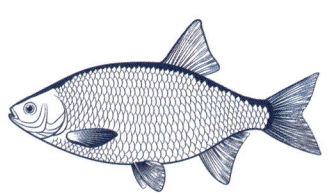

Aussehen: Körper besonders bei größeren Tieren ziemlich hochrückig, seitlich zusammengedrückt. Rücken und Kopfoberseite dunkelgrau mit bläulichem oder grünlichem Ton; Seiten gegen den Bauch zu immer heller werdend; Bauchflossen und Afterflossen orange bis blutrot oder messinggelb; Augenkreis rot.

Leicht zu verwechseln mit der Rotfeder.

Vorkommen: Rotaugen leben als anspruchslose Schwarmfische in stehenden und langsam fließenden Gewässern in fast ganz Europa, nördlich der Alpen und der Pyrenäen bis zum Ural.

Das Rotauge erreicht eine Länge von 25 bis 50 cm und ein Gewicht von bis zu 3 kg.

Laichzeit: von April bis Mai.

Rotaugen schmecken fein, haben allerdings viele Gräten. Sie eignen sich deshalb am besten zum Einlegen in Essig.

Rotauge/Plötze/Unechte Rotfeder
Rutilus rutilus

Hecht
Esox lucius

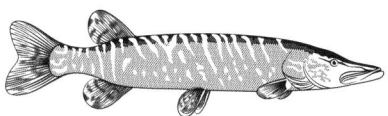

Aussehen: langgestreckter, seitlich nur wenig abgeflachter Körper, langer Kopf mit entenschnabelähnlicher Schnauze mit vorstehendem Unterkiefer. Rücken bräunlich oder grünlich, die Färbung wird zum Bauch hin immer heller. Die Kiefer dieses Raubfisches sind mit umklappbaren Zähnen bestückt und lassen eine einmal geschnappte Beute nicht mehr entrinnen.

Vorkommen: in Seen und Flüssen der gemäßigten Klimazonen Europas, Asiens und Nordamerikas weit verbreitet. Im Ostseegebiet auch im Brackwasser.

Der Hecht ist einer der schnellsten Fische der Welt, aber nur für eine ganz kurze Strecke.

Er ist ein stehender Jäger, der auf seine Beute wartet und dann blitzschnell zuschlägt. Ist eine Beute einmal zwischen seinen Kiefern, ist kein Entkommen mehr möglich. Mehrere, nach hinten gebogene scharfe Zahnreihen halten die Beute unerbittlich fest.

Die Durchschnittsgröße liegt bei 50 bis 100 cm. Längen bis 150 cm oder Gewichte von über 20 kg sind möglich.

Laichzeit: von Februar bis Mai.

Hechtfleisch ist fest und weist einen angenehmen, aber intensiven Duft auf. Unangenehm sind die Gräten in Y-Form, die lose im Fleisch stecken, da ist etwas Vorsicht geboten. Wie fast alle Fische schmecken Hechte außerhalb der Laichzeit besser.

Zander
Sander lucioperca

Aussehen: langgestreckter hechtähnlicher Körper mit langer spitzer Schnauze, zwei Rückenflossen, beide fast gleich lang. Rücken dunkel grünlich bis grau, Seiten heller bei Jungfischen mit dunklen Querstreifen, Schwanzflosse mit kleinen schwarzen Flecken.

Vorkommen: Der Zander mag eher wärmere Gewässer, egal ob es sich dabei um Seen, Stauseen oder größere Flüsse handelt. Er liebt es, im Trüben zu jagen und wächst sehr schnell.

Die mittlere Länge beträgt 40 bis 50 cm. In seltenen Fällen wird er bis zu 1,3 m lang und erreicht dabei ein Gewicht von bis zu 18 kg.

Laichzeit: von April bis Mai.

Aufgrund seines weißen, festen Fischfleisches und nahezu grätenfreier Filets ist er einer der begehrtesten Speisefische. Er schmeckt sehr mild und hat ein neutrales Aroma.

Aussehen: langgestreckter, schuppenloser, schleimiger Fisch mit breitem abgeplattetem Kopf, zwei sehr lange Bartfäden am Oberkiefer, vier kürzere auf der Kopfunterseite. Rücken schwärzlich blau, braun oder grünlich, Seiten heller mit dunkler Marmorierung, Bauchseite schmutzigweiß mit rötlichem Schimmer.

Vorkommen: wärmere Seen, Altwasser und größere Flüsse in Mittel- und Osteuropa, durch Besatz heute weit verbreitet. Im Gebiet der Ostsee und des Schwarzen Meeres auch im Brackwasser.

Welse erreichen, abhängig von ihrem Lebensraum, meist Körperlängen von 1 bis 1,5 m und dabei ein Gewicht von etwa 10 bis 50 kg. Da die Tiere zeitlebens wachsen, können sie allerdings auch deutlich größer und schwerer werden. Die Angaben über die Maximalmaße unterscheiden sich beträchtlich. Längen von bis zu 3 m und ein Gewicht von bis zu 150 kg wurden bereits dokumentiert.

Laichzeit: von Mai bis Juli.

Heimischer Wels ist zart und weißfleischig, sollte aber nicht fangfrisch zubereitet werden. Gebt ihm ruhig mindestens zwei Tage im Kühlschrank, bis sich die Nervenbahnen entspannen.

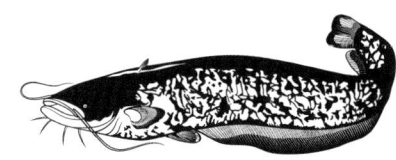

Wels
Silurus glanis

Flusskrebse

Aussehen: Der Fluss- oder Edelkrebs ist der größte unter den heimischen Krebsarten. Sein Panzer hinter dem Nacken ist nur schwach bedornt, meist braun bis rötlich und kann manchmal je nach Lebensraum bis ins Schwarz reichen. Auch hellblaue bis dunkelblaue Exemplare kommen vor.

Ein besonderes Merkmal sind die leuchtend roten Unterseiten der Scheren.

Vorkommen: bevorzugt warme, nährstoffreiche Gewässer. In den 1960er Jahren wurden durch die sogenannte Krebspest (ein Pilz, der durch nordamerikanische Signalkrebse eingeschleppt wurde) die Bestände fast vernichtet. Durch gezielten Besatz und Zucht konnte der Bestand aber stabilisiert werden. Das Gros der im Handel angebotenen Flusskrebse wird gezüchtet.

Flusskrebse werden bis zu 20 cm lang und können ein Gewicht von 350 g erreichen.

Laich- bzw. Paarungszeit: beginnt bei sinkenden Temperaturen im Oktober bis November, die voll entwickelten Krebslarven schlüpfen von Mai bis Juni.

Das Fleisch des Edelkrebses ist zart und hat trotzdem einen angenehmen Biss, es schmeckt fein, fast lieblich, mit nussigem Aroma.

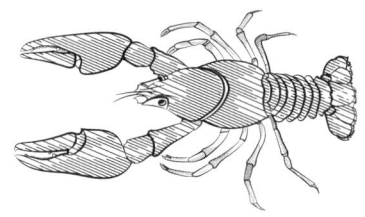

Fluss- oder Edelkrebs
Astacus astacus

Wie der Vater, so der Sohn

Fischerei hat große Tradition am Chiemsee, dem „Bayerischen Meer". Seit gut 400 Jahren leben Fischer auf der Fraueninsel. Die Familie Lex fischt seit 1857, mittlerweile in der 7. Generation.

Die Fischereimeister Thomas und Florian betreiben eine von 16 Berufsfischereien am See. Und das sehr erfolgreich. Gut 25 Fischarten sind im Chiemsee heimisch, darunter Renke (Reinanke), Barsch, Brachse, Hecht, Aal, Wels und Zander. Hauptsächlich werden Reinanken – am Chiemsee Renken genannt – befischt. „Seit gut 15 Jahren sind die Fänge wieder stabil und auf hohem Niveau", sagt Thomas Lex, Vorstand der Chiemseer Berufsfischer, mit zufriedener Miene. Er ist zuversichtlich, dass auch sein Sohn Florian durch die Fischerei ein gutes Auskommen haben wird.

Die Berufsfischer am Chiemsee kennen aber auch schwierige Zeiten. In den 1990er Jahren gingen die Renkenfänge massiv zurück. Durch die Kanalisierung der Abwässer wurde der Phosphatgehalt im Wasser und somit die Nährstoffdichte reduziert. Trotz verbesserter Wasserqualität nahm die Renkenpopulation stark ab. Es dauerte Jahre, bis sie sich an die veränderte Nährstoffsituation angepasst hatte. Die Berufsfischer konnten sich zum Glück durch den Fang von Aalen, Hechten und Brachsen über Wasser halten. Um den Bestand jetzt stabil zu halten, werden pro Jahr ca. 100 Millionen Brütlinge (hauptsächlich Renken, aber auch Seeforellen, Seesaiblinge und Hechte) in den See entlassen. Die Maschenweiten der Netze werden so groß gewählt, dass nur Renken gefangen werden, die bereits einmal abgelaicht haben. Durch diese beiden Maßnahmen sollten auch zukünftig nachhaltige Fangerfolge gewährleistet werden.

In der wärmeren Jahreszeit beginnt der Arbeitstag für Thomas und Florian – und somit auch unserer an diesem Tag – um 4:30 Uhr. Die ersten Netze werden noch unter Scheinwerferlicht eingeholt. Die warmen Wassertemperaturen lassen die in der Nacht gefangenen Renken nicht lange überleben. Für Thomas Lex stehen Frische und Qualität an oberster Stelle, bereits tote Renken verbleiben im See oder werden von hungrigen Möwen verspeist. Die Schwebnetze werden nach und nach eingeholt, Reusen werden kontrolliert und entleert und gegen 7.30 Uhr sind wir schon wieder auf dem Weg zurück zur Fraueninsel, wo es gleich an die Verarbeitung geht. Drei Generationen sind beim Entschuppen dabei. Thomas Lex' Vater Holmer ist hoch in den 80ern. Nach wie vor unterstützt er seinen Sohn und seine Enkel Florian und Tassilo beim Säubern der Fische und in der Netzpflege. Täglich wird filetiert, geräuchert oder Renke nach Matjes-Art veredelt. Anschließend werden diese Delikatessen von Sylvia Lex im Kiosk am See angeboten oder frisch an die örtliche Gastronomie geliefert. Seit geraumer Zeit kann man die Lex-Fische auch online bestellen. Dem Vergnügen, eines unserer Rezepte mit einer fangfrischen Chiemsee-Renke zuzubereiten, steht also nichts mehr im Wege.

Chiemseefischerei Thomas & Florian Lex
Haus 31 | 83256 Frauenchiemsee | Tel. 0049 8054/479 | Fax. 0049 8054/90 97 93
mail@chiemseefischerei-lex.de | www.chiemseefischerei-lex.de

Gebeizter Fisch

Beizen ist eine Methode, um Fisch länger haltbar zu machen, ohne ihn dabei kochen, braten oder grillen zu müssen. Durch die Säure wird das Eiweiß zersetzt und die Möglichkeit, dass sich Schimmel bildet oder Bakterien den Verderb beschleunigen, wird verringert. Dabei zu beachten ist, dass der Fisch vollständig mit der Beizflüssigkeit bzw. Marinade bedeckt ist, damit diese gut in das Fischfleisch eindringen kann. Den Fisch sollte man außerdem auch noch mit einer Folie abdecken, mit Gewichten beschweren und gekühlt lagern. Je nachdem wie intensiv der Geschmack werden soll bzw. wie dick das Fischstück ist, kann der Beizvorgang zwischen 24 Stunden und mehreren Tagen dauern.

*4 frische Fischfilets, mit Haut
(ca. **120–150 g** pro Filet)
Zesten und Saft von je **1** Zitrone und Orange
1 großer Bund Dill*

*frischer Zitronenthymian, gehackt
2 TL Rosa Beeren, leicht angedrückt
Salz
Pfeffer*

Fischarten
dickere Filets von
**Forelle, Lachsforelle,
Saibling, Zander, Wels**

Die Filets in eine nicht zu große oder zu hohe Auflaufform legen. Die übrigen Zutaten mit einer Gabel in einer Schüssel vermischen. Nach eigenem Gutdünken gründlich abschmecken.

Die Beize bzw. Marinade über den Fisch leeren. Eine Frischhaltefolie auf den Fisch legen, mit Gewichten (großer Teller, schweres Schneidebrett) beschweren und im Kühlschrank gut durchziehen lassen. Eventuell einmal täglich wenden.

Häuten der Filets: Für die Weiterverwendung der gebeizten Fischfilets werden diese meist gehäutet. Das funktioniert folgendermaßen: Filet mit der Hautseite nach unten auf ein Schneidebrett legen. Mit einer Hand das ganz hinterste Ende des Filets festhalten. Mit dem Messer in das Filet bis zur Haut schneiden, dann das Messer schräg ansetzen und in einem Zug flach zwischen der Haut und dem Filet entlangfahren (vom Körper weg). Braucht bei frischen Filets etwas Übung, geht aber beim gebeizten Fisch fast von alleine.

Zubereitungszeit
ca. **15** Minuten

Marinierzeit
zwischen **30** Minuten
und **24** Stunden
bzw. **2–3** Tage

Tipp *Man kann auch Gin und zerdrückte Wacholderbeeren zum Beizen verwenden.*

Sauer eingelegter Fisch

Was wir vom Hering bzw. anderen Meeresfischen kennen, kann man auch mit Süßwasserfischen machen. Der Fisch hält sich durch das Essigwasser mehrere Wochen, da es die Bildung von Schimmel oder Bakterien hemmt. Damit es geschmacklich nicht langweilig wird, kann man auch noch mit diversen Zutaten experimentieren.

Wir legen Fisch auf zwei unterschiedliche Methoden ein. Bei der einen werden die Fischfilets vorher angebraten, was zum Ziel hat, die Haltbarkeit wesentlich zu verlängern. Bei der zweiten Methode werden die rohen Fischfilets mit kochend heißer Essigmarinade übergossen. Anschließend werden die zugeschraubten Gläser in eine Auflaufform mit heißem Wasser gestellt und im Backofen fertig gegart.

*Menge für **2 Schraubgläser à 500 ml***

4 frische Fischfilets, mit Haut
*(insgesamt ca. **600 g**)*
Salz und Pfeffer für den Fisch
1 kleine gelbe Zwiebel, in Ringe geschnitten
4 Wacholderbeeren, angedrückt
1 TL Senfkörner

2 TL Salz
1 TL bunte Pfefferkörner
1 TL Honig
2 Thymianzweige
350 ml Wasser
250 ml Weißweinessig oder milder Apfelessig

Fischarten
kleinere Fische, wie
Saibling, **Forelle**,
Reinanke oder **Riedling**

auch
Filets von **Rotaugen**
und anderen **Weißfischen**

Die Fischfilets noch einmal der Länge nach halbieren. Wenn die Filets sehr lang sind, dann auch noch in der Breite halbieren. Fischfilets salzen und pfeffern. In die Schraubgläser schichten.

Alle übrigen Zutaten in einem Topf aufkochen und abschmecken. Nun den Sud kochend heiß über den Fisch gießen. Dieser sollte vollständig bedeckt sein. Deckel fest verschließen. Gläser in eine Auflaufform mit heißem Wasser stellen und im Backofen bei 140°C Heißluft garen.

Die **Variationsmöglichkeiten** der Gewürze sind schier unendlich. Ihr könnt also eurer Fantasie freien Lauf lassen. Probiert es mit indischen Gewürzen oder mit Chili, Zitronengras und Jungzwiebeln. Man kann auch fein gehobelte Karotten in den Gewürzsud geben, aber auch Paprikapulver und Tomatenmark.

Haltbarkeit: Die eingelegten Fische sind mindestens 6 Monate, mit der Bratfisch-Variante auch länger haltbar. Da Fisch ein sehr sensibles und leicht verderbliches Lebensmittel ist, ist es immer wichtig, hygienisch einwandfrei zu arbeiten. Außerdem sollte man sich auch auf seine Sinne verlassen. Sind Geruch und Aussehen des Fischs oder der Flüssigkeit auffällig, dann sollte man auf den Verzehr besser verzichten.

Tipp
Für Rollmöpse rollt den Fisch einfach auf und schichtet ihn eng in ein Glas. Wenn ihr ihn mit Zwiebeln und anderem Gemüse füllen wollt, kocht das Gemüse zuerst im gesalzenen Essigwasser und seiht es ab. Anschließend die Filets vor euch auflegen und vor dem Einrollen mit etwas Gemüse belegen. Anschließend mit dem Essigwasser übergießen.

Zubereitungszeit
ca. **15 Minuten**

Garzeit
ca. **30 Minuten**

Marinierte Bratfilets

600 g verschiedene Fischfilets
Mehl zum Wenden
Öl zum Braten
Salz
Pfeffer

Marinade:
1 TL Senfkörner
1 TL Korianderkörner
1 TL bunte Pfefferkörner

1 EL Öl
1 mittlere gelbe Zwiebel,
in Ringe geschnitten
4 Wacholderbeeren, angedrückt
2 Lorbeerblätter
2 TL Salz
1 TL Honig
350 ml Wasser
250 ml Weißweinessig
oder milder Apfelessig

Fischarten
klassisch: **Reinanke**

auch
Forelle, Saibling, Karpfen,
Zander, Hecht usw.

Für die Marinade Senf-, Koriander- und Pfefferkörner in einem Topf trocken rösten, bis ein feiner Geruch entsteht. Öl in den Topf geben und Zwiebel hell anbraten. Restliche Zutaten hinzugeben und alles aufkochen lassen. Anschließend abkühlen lassen.

Fischfilets mit Salz und Pfeffer würzen und in Mehl wenden. In einer Pfanne mit Öl knusprig braten. Anschließend in eine säurebeständige Form schichten und mit der Marinade übergießen. Abgedeckt im Kühlschrank mehrere Tage marinieren.

Zubereitungszeit
ca. **20** Minuten

Marinierzeit
mindestens **3** Tage

Tipp   Solltet ihr zu einer größeren Menge Fisch kommen, ist dieses Rezept genau richtig. Es eignen sich wirklich alle Fische dafür. Praktisch ist es vor allem bei Weißfischen. Das Filetieren ist eine zeitaufwändige und teilweise auch mühsame Arbeit. Für dieses Rezept kann man auch etwas nachlässiger sein. Der Essig greift die Grätenstruktur an und zersetzt diese. Zudem ist sauer eingelegter Fisch gekühlt mehrere Wochen bis Monate haltbar.

Räucherfischaufstrich

250 g *Quark*
2 EL *saure Sahne*
1 *geräuchertes Fischfilet*
1 *mittlere Schalotte*

2 *kleine Essiggurken*
Salz, Pfeffer
Zitronenzesten und -saft von ½ Zitrone
1 EL *Dill, fein gehackt*

Praktisch: Für dieses Rezept eignen sich alle geräucherten Fische!

Quark und saure Sahne glatt rühren. Fischfilet und Schalotte hacken.

Essiggurken mit einer feinen Reibe reiben.

Alle Zutaten verrühren.

Aufstrich mit Salz, Pfeffer, Zitronensaft, -zeste und Dill abschmecken.

Zubereitungszeit
ca. 10 Minuten

Tipp   *Für all jene, denen eine rohe Schalotte zu scharf ist: die gehackte Schalotte mit heißem Wasser abspülen!*

Kalt oder warm geräuchert: *Probiert auch mal ein kalt geräuchertes Fischfilet! Unter Kalträuchern versteht man das Räuchern bei einer Temperatur zwischen 15 und 25°C, was ein feineres Raucharoma und eine längere Haltbarkeit zur Folge hat. Beim Warmräuchern hingegen wird eine Temperatur zwischen 50 und 85°C angestrebt. Meist wird für das Kalträuchern die Restwärme im Räucherofen genutzt.*

Karpfen-Gemüse-Sülze
mit Rote Zwiebel-Vinaigrette

9 Blatt Gelatine
1 Apfel
150 g Karotten und Zucchini,
feinnudelig geschnitten
2–3 Blumenkohlröschen
300 ml klarer Fischfond
[▸Rezept Seite 161]
2 EL Weißwein
1 EL frische Kräuter
(Dill, Petersilie oder Kerbel),
fein gehackt
1 EL milder Apfelessig oder Apfelbalsam

Salz
200 g geräucherter Karpfen

Rote Zwiebel-Vinaigrette:
1 kleine rote Zwiebel
1 TL scharfer Senf
2 EL Apfelessig
3 EL Kürbiskernöl
Salz, Pfeffer

Dekoration:
Salatblätter, Kresse, Meerrettich

Die Gelatine in kaltem Wasser einweichen. Apfel schälen und in kleine Würfel schneiden. Gemüsestreifen und Blumenkohl in kochendem Salzwasser bissfest kochen, herausheben und mit kaltem Wasser abschrecken.

Apfel ganz kurz in das heiße Wasser geben. Ebenfalls kalt abschrecken. Eine Terrinenform mit kaltem Wasser benetzen und mit Frischhaltefolie auslegen.

Fischfond, Weißwein und Kräuter in einem Topf aufkochen. Die Gelatine gut ausdrücken und in der Flüssigkeit auflösen. Anschließend mit Essig und Salz abschmecken.

Gemüse und Fisch in die Terrinenform füllen, mit der Flüssigkeit auffüllen und im Kühlschrank gelieren lassen.

Für die Vinaigrette die Zwiebel schälen und fein hacken. Mit den übrigen Zutaten verrühren und abschmecken.

Sülze aus der Form stürzen und mit einem richtig scharfen Messer in Stücke schneiden.

Mit einigen Salatblättern, Kresse, Meerrettich und Vinaigrette anrichten.

Zubereitungszeit
ca. **30 Minuten**

Kühlzeit
mindestens **5 Stunden**

Tipp Funktioniert natürlich auch mit Gemüsefond!

Vitello mit Räucherforellendip

Eine neue Interpretation des klassischen Vitello tonnato!

650 g *Kalbfleisch*
(am besten aus dem Teilstück Kugel)
200 ml *trockener Weißwein*
1 Bund *Wurzelgemüse,*
in Scheiben oder Würfel geschnitten
(Karotten, Pastinaken, Knollensellerie, Lauch)
1 *Knoblauchzehe,*
in Scheiben geschnitten
je 3–4 *Wacholderbeeren,*
Pfefferkörner, Piment, angedrückt
1 *Lorbeerblatt*
2 *Thymianzweige*

Räucherforellendip:
200 g *warm geräuchertes Forellenfilet*
150 g *saure Sahne*
2 EL *Joghurt*
1 *Essiggurke*
etwas Flüssigkeit von den Essiggurken
2 Spritzer *Zitronensaft*
Salz
Pfeffer

Dekoration:
frische Kresse

Kalbfleisch waschen und trocken tupfen. Mit allen Zutaten in eine Schüssel geben und im Kühlschrank zugedeckt für 24 Stunden marinieren lassen.

Immer wieder wenden.

Fleisch aus der Marinade nehmen, diese aufkochen, Fleisch wieder einlegen und mit Wasser auffüllen, sodass es bedeckt ist.

Kochen, bis das Fleisch durchgegart ist. Das erkennt man, indem man es mit einem Spieß oder Messer ansticht und klare Flüssigkeit austritt.

Anschließend das Fleisch vollständig auskühlen lassen.

Zutaten für den Räucherforellendip in der Moulinette oder mit dem Mixstab zu einer Creme vermengen.

Abschmecken.

Kalbfleisch dünn aufschneiden, mit dem Dip überziehen und mit Kresse und frisch gemahlenem schwarzem Pfeffer garnieren.

Zubereitungszeit
ca. 10 Minuten

Kochzeit
1 Stunde

Marinierzeit
24 Stunden

Profiteroles mit geräucherter Lachsforelle

Für ca. 15–18 Stück:

250 ml *Wasser*
50 g *Butter*
140 g *glattes Mehl*
3 *Eier*

200 g *geräuchertes Lachsforellenfilet*
250 ml *Sahne*
1 Pkg. *Sahnesteif (optional)*
1 TL *Meerrettich, frisch gerieben*
Salz
2–3 *Dillzweige*

Wasser und Butter aufkochen, Mehl in einem Schwung hinzufügen und die Masse mit dem Kochlöffel im Topf abrösten. Es bildet sich ein Teigklumpen. Aufpassen, dass er nicht anbrennt.

Topf vom Herd nehmen und die Masse kurz überkühlen lassen.

Eier mit den Knethaken des Handmixers nach und nach flott einrühren. Den Brandteig in einen Spritzbeutel füllen (es ist keine Tülle notwendig) und kleine Krapfen auf ein mit Backpapier ausgelegtes Backblech spritzen.

Anschließend bei 220°C Heißluft backen.

Lachsforelle fein hacken. Sahne nach Packungsanleitung mit Sahnesteif aufschlagen. Lachs und Meerrettich untermengen und abschmecken.

Die ausgekühlten Profiteroles waagrecht aufschneiden, mit der Lachscreme füllen. Deckel aufsetzen und mit einem Zweiglein Dill garnieren.

Zubereitungszeit
ca. 15 Minuten

Backzeit Profiteroles
ca. 17 Minuten

Tipp   *Man kann die Profiteroles auch schon am Vortag backen und luftdicht verschlossen bis zum Füllen aufbewahren.*

Zweierlei Cremesalat

in Weiß und Rosa

Weiße Creme:
150 g geräuchertes Karpfenfilet
1 kleine rote Zwiebel
½ kleiner roter Apfel
1 TL Senfkörner
1 Schuss Essig
250 g Joghurt
1 EL Mayonnaise
1 EL saure Sahne
Salz
Pfeffer

Rosa Creme:
150 g geräuchertes Amurfilet
1 kleine Rote Rübe, roh
½ Gurke
1 EL Meerrettich, frisch gerieben
1 Schuss Essig
1 EL Salbei gehackt
100 g Quark
150 g Joghurt
1 EL saure Sahne
Salz, Pfeffer

Karpfenfilet in 2 cm große Stücke schneiden. Zwiebel schälen, halbieren und in feine Ringe schneiden. Apfel entkernen, vierteln und in kleine Würfel schneiden. Anschließend alle Zutaten vermischen und gut abschmecken.

Amur in 2 cm große Stücke schneiden. Rote Rübe fein reiben. Gurke entkernen und in kleine Würfel schneiden. Alle Zutaten vermischen und gut abschmecken.

Vor dem Servieren unbedingt einige Stunden in den Kühlschrank stellen und durchziehen lassen. Danach noch einmal abschmecken.

Zubereitungszeit
ca. 10 Minuten

Kühlzeit
mindestens 2 Stunden

Variation   Die Cremesalate lassen sich je nach Jahreszeit und geschmacklichen Vorlieben variieren. Das fängt schon mit der Fischart an, probiert auch mal Saibling und Forelle oder geräucherte Reinanken. Wer es etwas saurer mag, kann auch eingelegte Fischfilets (▸Rezepte Seite 29) verarbeiten. Im Sommer schneiden wir auch gerne frische Früchte in den Salat. Herrlich mit Aprikosen oder Pfirsichen. Farblich und geschmacklich auch mit Johannisbeeren, Himbeeren oder Heidelbeeren ein Abenteuer.

Ebenfalls nach Lust und Laune könnt ihr mit diversen Kräutern und Gewürzen variieren. Probiert Curry, Koriander, Minze oder Kaffirlimettenblätter. Für deftigere Variationen empfehlen wir gekochte Kartoffeln, Erbsen, rohe rote Zwiebeln oder Frühlingszwiebeln.

Tipp   Für selbst gemachte Mayonnaise könnt ihr das Rezept von Seite 65 verwenden. Ihr müsst einfach nur das Kürbiskernöl durch Olivenöl oder Sonnenblumenöl ersetzen. Wenn ihr keine Mayonnaise zur Hand habt, könnt ihr sie auch weglassen.

Rohe Lachsforelle

mit schnellem Aprikosensenf und Basilikum

600–700 g frisches Lachsforellenfilet, mit Haut
70 g Dijonsenf
2 EL Aprikosenkonfitüre

½ Bund frisches Basilikum
Salz
Pfeffer

Forellenfilet mit der Hautseite nach unten auf ein Schneidebrett legen.

Mit einem scharfen Messer hauchdünne Scheiben herunterschneiden.

Das Messer schräg ansetzen, um nicht die Haut mitzuschneiden.

Senf und Konfitüre verrühren und nach gewünschter Schärfe oder Süße abschmecken.

Basilikum grob hacken.

Etwas Aprikosensenf auf einem großen Teller kreisförmig auftragen. Fischscheiben darauf verteilen. Salzen und pfeffern. Restlichen Senf und Basilikum auf dem Carpaccio anrichten.

Zubereitungszeit
ca. **10 Minuten**

Info

Warum ist Fischfleisch rot? Heute im Handel erhältliche Lachsforellen sind gezüchtete, besonders große Regenbogenforellen, deren Futter, wie bei der Lachszucht, mit pflanzlichem Carotin (aus Mais oder Algen) versetzt wird. Dadurch bekommt das Fleisch seine rötliche Farbe. Es ist durchaus möglich, Binnenlachse bei uns zu züchten. Diese sind aber nicht mit der Lachsforelle verwandt. Die rötliche Färbung bei Wildlachsen entsteht durch den natürlichen Verzehr von carotinhaltigen Krebsen und Garnelen.

Tipp

Am besten schmeckt dazu ein frisches Brot. Ob Weiß- oder Schwarzbrot ist ganz euch überlassen. Ganz großartig harmoniert dazu ein simples Butterbrot!

Rote Rüben-Kartoffel-Salat

Siļķe kažokā

Wir haben dieses Rezept in Lettland entdeckt und sind ihm ob unserer unendlichen Liebe zu Roten Rüben sofort verfallen. Viel Spaß beim Ausprobieren!

750 g mehlige Kartoffeln,
am Vortag gekocht
½ Stange Lauch
2 mittlere Rote Rüben, gekocht
2 Karotten
1 größere Prise Zimt
3 EL Mayonnaise
1 Portion sauer eingelegter Fisch
[▸Rezept S. 29]

1 Bund frischer Dill
Salz
Pfeffer

Topping:
2 Eier, hart gekocht
Meerrettich, frisch gerieben
Salz
Pfeffer

Kartoffeln schälen und grob reiben. Den Lauch waschen und sehr fein hacken. Mit den Kartoffeln vermischen und gut abschmecken.

Anschließend in eine nicht allzu große Auflaufform drücken.

Rote Rüben und Karotten schälen und ebenfalls grob reiben. Gemüse ausdrücken. Mit Zimt, Mayonnaise, Salz und Pfeffer abschmecken.

Fisch aus der Lake nehmen und grob hacken. Dill ebenfalls hacken. Fisch und Dill auf den Kartoffeln verteilen.

Anschließend die Mayonnaise-Rüben-Mischung auf dem Fisch verteilen. Andrücken und zugedeckt mehrere Stunden im Kühlschrank anziehen lassen.

Kurz vor dem Anrichten die Eier hacken und mit geriebenem Meerrettich, Salz und Pfeffer abschmecken. Vorspeise in der Auflaufform quadratisch portionieren. Mit Hilfe eines Pfannenwenders herausheben und auf kalte Teller geben.

Mit dem Eier-Meerrettich-Topping bestreut servieren.

Zubereitungszeit
ca. 30 Minuten

Kühlzeit
mindestens 2 Stunden

Das Rotauge und der Fleischwolf

Es ist vier Uhr, nach einer kurzen Nacht im Stroh im Schweizer Rheindelta fahren wir über die zum Glück unbemannte Grenze nach Gaissau zu Regula Bösch, einer der wenigen Berufsfischerinnen Österreichs. Wir treffen Regula noch vor Anbruch des Tages und haben die Chance, sie und ihren Sohn Albert beim heutigen Fischfang zu begleiten. Schnell steigen wir zu und versuchen uns „klein" im Schiff zu machen, um bei der Fischarbeit so wenig wie möglich zu stören ...

Regula liebt ihren Beruf, den sie vor 17 Jahren, nach dem unerwarteten Tod ihres Bruders, ergriffen hat. Und das sieht man ihr an. Schon im Kindesalter ist sie mit ihrem Vater zur See gefahren. Vieles hat sich seit damals verändert.

Rund um den Bodensee gab es an die 120 Fischereien. Bis 2020 wird sich ihre Anzahl auf 80 reduzieren, da die Fangmengen das Überleben von so vielen Fischern nicht mehr garantieren können. Österreich hat seine Quote bereits übererfüllt, da einige Fischer in Pension gingen, keine Nachfolger fanden und ihre Patente zurücklegten. Regula hat mit ihrem Sohn Albert bereits einen Nachfolger gefunden, der sich mit hohem Engagement schon jetzt in die Fischerei einbringt.

Am Bodensee gelten besondere Gesetze und Regelungen. Das Hoheitsgebiet der Anrainerstaaten Deutschland, Österreich und der Schweiz erstreckt sich vom Ufer seewärts jeweils bis zu einer Wassertiefe von 25 Metern. Dieser Bereich wird als „Halde" bezeichnet. Jenseits der Halde liegt der „Hohe See". Hier wird die Fischerei von allen Anrainerstaaten gemeinschaftlich betrieben.

Am Tag unseres Besuches verfangen sich neben dem Egli (Flussbarsch) Kaulbarsche, Rotaugen und auch ein paar Stichlinge. Letztere werden maximal bis zu 10 cm lang, haben sich aber zu einer Plage im See entwickelt. „Früher hat sich der Stichling auf die Uferbereiche beschränkt. Mittlerweile lebt er im ganzen See und stellt wahrscheinlich die größte Biomasse dar. Er frisst aber nicht nur den Felchen das wichtige Plankton weg, sondern er ist auch ein Fressfeind der Jungfische", berichtet Albert Bösch von dem Plagegeist.

Not macht aber manchmal auch erfinderisch. Die früher abfällig als „Katzenfische" verachteten und aufgrund ihrer Gräten wenig geschätzten Rotaugen sind nun mangels Felchen wieder beliebter. Die Bodensee-Fischer machen den unangenehmen Y-Gräten mittels Fleischwolf den Garaus: Die Hascheemasse eignet sich hervorragend für Fisch-Burger, Tortellini und Cannelloni. (▸ Rezept Seite 139).

„Die Rotaugen haben sich an die veränderten Lebensbedingungen besser als andere Fische angepasst. Aber auch die Konsumenten sind kritischer und bewusster geworden, lieber ist ihnen ein Rotauge vom Bodensee als ein Zander aus Russland", erzählt Albert. Wie recht er damit hat!

Bodenseefischerei Bösch
Regula und Albert Bösch | Rheinstraße 30 | 6974 Gaissau | Tel. 0043 5578/71124

Ceviche mit Zander

400 g *Zanderfilet, ohne Haut*
Saft und Zesten von 4 *Limetten*
Saft und Zesten von 1 *Orange*
1 *kleine Chili (Schärfegrad nach Geschmack)*
3 *Tomaten*
1 *rote Zwiebel*

1 *grüne Paprika*
1 *gelbe Paprika*
1 **Bund** *Petersilie*
1 **Bund** *Koriander*
Salz, Pfeffer
Rosa Beeren

Zander in dünne Scheiben schneiden. Limettensaft und -zesten, Orangensaft und -zesten über den Fisch geben und in einer Schüssel gut durchmischen.

Salzen und die in feine Ringe geschnittene Chili dazugeben.

Abgedeckt im Kühlschrank durchziehen lassen.

Tomaten und Paprika in Würfel, die geschälte Zwiebel in feine Ringe schneiden. Kräuter hacken und mit dem Gemüse zum Fisch geben.

Abschmecken und mit zerriebenen Rosa Beeren anrichten.

Zubereitungszeit
ca. 20 Minuten

Marinierzeit
ca. 1 Stunde

Info *Ceviche ist ein peruanisches Nationalgericht, das mittlerweile auch in Europa angekommen ist. Das Zubereitungsprinzip erinnert an das Beizen. Durch die Verwendung von Zitronensaft wird das Eiweiß im Fischfleisch zersetzt, der Fisch also ohne Hitzeeinwirkung gegart. Oft wird Ceviche auch mit Meeresfrüchten und Maiskörnern zubereitet.*

Tipp *Dazu empfehlen wir frisches Maisbrot und eine würzige Knoblauch-Aioli. Diese könnt ihr nach dem Rezept der Kürbiskernmayonnaise von Seite 65 zubereiten. Nehmt anstelle des Kürbiskernöls einfach Olivenöl und gebt 1–2 fein gehackte Knoblauchzehen dazu.*

Parmigiana mit Auberginen

und geräuchertem Fisch

Eine Parmigiana braucht Zeit. Gebt ihr 1 Tag zum Durchziehen! Es lohnt sich, denn am Ende werdet ihr mit einem intensiven Geschmackserlebnis belohnt!

3 *Auberginen*
1 kg *Tomaten*
1 *kleine Zwiebel*
2 *Knoblauchzehen*
300 g *geräuchertes Fischfilet*

200 g *Käse, gerieben*
(Mischung aus Hartkäse und Mozzarella)
1 Bund *frisches Basilikum*
Olivenöl
Salz, Pfeffer

Fischarten
alle Arten von
Räucherfischen, die bei
euch erhältlich sind!

Auberginen waschen und der Länge nach in dünne Scheiben schneiden. Gut einsalzen und zur Seite stellen.

In der Zwischenzeit Tomaten grob würfeln, Zwiebel und Knoblauch schälen und fein hacken. Olivenöl in einer Pfanne erhitzen, Zwiebel und Knoblauch glasig anschwitzen und Tomatenwürfel zugeben. Zu einer Sauce einkochen.

Abschmecken. Fisch in Stücke zerteilen.

Auberginenscheiben der Reihe nach in Olivenöl anbraten. Eine Auflaufform mit Öl ausstreichen.

Mit der Tomatensauce beginnend, nach und nach Auberginen, Käse, Fischstücke und wieder Sauce in die Form schichten. Abschließend mit einer Schicht Auberginen und geriebenem Käse.

Im Backofen bei 170°C Heißluft fertig backen und gut durchziehen lassen. Bei Zimmertemperatur mit frischem Basilikum und einem Schuss Olivenöl servieren.

Zubereitungszeit
ca. 1 Stunde

Kochzeit Tomatensauce
mindestens 30 Minuten
idealerweise 1–2 Stunden

Backzeit
35–40 Minuten

Durchziehzeit
1 Tag im Kühlschrank

Tipp   *Auberginen brauchen zum Anbraten sehr viel Öl, weil sie es wie ein Schwamm aufsaugen. Um das zu vermeiden, kann man sie zuerst kurz in wenig Öl anbraten und dann mit einem Schuss Wasser, Gemüsefond oder Weißwein weich dünsten.*

Rote Rüben-Meerrettich-Tatar

mit gebeiztem Saibling

½ *Rote Rübe, gekocht*
ca. **600 g** *gebeizter Saibling*
(▸Grundrezept von Seite 27)
3 EL *Meerrettich, frisch gerieben*
1 Bund *Minze*
250 g *Quark*

2 EL *Joghurt*
Salz
Pfeffer
1 Prise *Kümmel, gemahlen*
Brunnenkresse
Radieschen

Rote Rübe grob raspeln und über dem Waschbecken ausdrücken. Meerrettich und Minze fein hacken.

Quark und Joghurt glatt rühren. Mit den übrigen Zutaten vermengen und abschmecken. Kühl stellen.

Saibling fein hacken.

In einen Vorspeisenring zuerst das Rote Rüben-Tatar, dann den gehackten Saibling füllen.

Mit Radieschen und der frischen Brunnenkresse ansprechend garnieren.

Zubereitungszeit
ca. **15 Minuten**
(ohne Beizen)

Achtung! *Das Beizen des Fischs braucht Zeit. Man kann ihn natürlich auch nur kurz marinieren (mindestens 30 Minuten sollten es schon sein). Allerdings ist das geschmacklich bei Weitem nicht so spannend!*

Tipp *Wir bereiten das Tatar statt mit Quark auch gern mit selbst gemachtem Joghurtfrischkäse zu. Dafür geben wir 500 g Naturjoghurt in ein mit einem Tuch ausgelegtes Sieb und lassen es über mehrere Tage im Kühlschrank abtropfen. Um den Fettgehalt etwas zu erhöhen und somit den Geschmack zu intensivieren, rühren wir vor dem Abtropfen noch 2–3 EL Olivenöl und etwas Salz in das Joghurt.*

Klare Suppe mit gemischten Fischfilets

2–3 kleine gelbe und orange Karotten
1 kleines Stück Lauch oder *1* Frühlingszwiebel
1,2 l klarer Fischfond [▸Rezept Seite 161]
350 g verschiedene frische Fischfilets
(evtl. auch geräuchert oder gebeizt)

Salz
weißer Pfeffer
evtl. *1 Schuss* Sherry,
zum Abschmecken
3–5 EL gehackte Petersilie

Karotten waschen, schälen und in Scheiben schneiden. Lauch bzw. Frühlingszwiebel ebenfalls.

Fischfond erhitzen und Gemüse darin bissfest ziehen lassen.

Einmal aufkochen lassen.

Fischfilets in mundgerechte Stücke schneiden bzw. teilen und im Fond gar ziehen lassen bzw. bei geräuchertem Fisch nur erwärmen.

Suppe mit Salz, Pfeffer und eventuell Sherry abschmecken.

Zum Anrichten Gemüse und Fisch mit einem Siebschöpfer aus der Suppe heben und auf tiefe Teller verteilen.

Heißen Fischfond darübergießen und mit Petersilie bestreuen.

Zubereitungszeit
ca. 20 Minuten

Info   Welche Fische eignen sich als Einlage für Suppen? Wir sind der Meinung, dass es dafür keine richtige oder falsche Antwort gibt. Wichtig ist, dass der Fisch euch schmeckt und dass ihr ihn auch ohne viel Aufwand kaufen könnt. Probiert alles Mögliche aus, um euren Liebling zu finden!

Samtige Rahmsuppe vom Räucherfisch

2 *Schalotten*
1 *Knoblauchzehe*
2 **EL** *Butter*
1 **Schuss** *trockener Weißwein*
1,2 **l** *klarer Fischfond* [▸*Rezept Seite 161*]
300 **g** *geräuchertes Fischfilet*

250 **ml** *Sahne*
Salz
Pfeffer
Muskatnuss, frisch gerieben
2–4 **EL** *Schnittlauchröllchen*
4 **EL** *saure Sahne*

Schalotten und Knoblauchzehe schälen und hacken. Butter in einem Topf zerlassen, Gemüse glasig dünsten, mit Weißwein ablöschen.

Kurz einkochen lassen, mit Fischfond aufgießen, Filets (einige kleine Stücke als Garnitur zurückbehalten) einlegen und aufkochen lassen. Sahne dazugeben und alles fein pürieren.

Anschließend abschmecken. Mit Schnittlauch, saurer Sahne und Fischstückchen am Spieß servieren.

Zubereitungszeit
ca. 20 Minuten

Erfinder der modernen Fischzucht *Vor gut 250 Jahren war es der Tüftelei und dem Ehrgeiz des Landwirts und Naturwissenschaftlers Stephan Ludwig Jacobi zu verdanken, dass die künstliche Befruchtung von Fischen gelang. Nach jahrelangem Experimentieren hatte er es geschafft, Eier und Samen von Bachforellen abzustreifen und durch Vermischen in Wassereimern die Befruchtung herbeizuführen. Seine Erfahrungen dokumentierte und veröffentlichte er schließlich auch. Damit waren die Grundlagen der modernen Fischzucht geschaffen, die bis heute Anwendung finden.*

Cider-Fisch-Cremesuppe

½ Stange Lauch
(am besten der Länge nach halbiert,
dann hat man grüne und weiße Teile)
2 Knoblauchzehen
3–4 mittlere mehlige Kartoffeln
2 EL Öl
1 Flasche (330 ml) Cider
1 l klarer Fischfond (▸Rezept Seite 161)

125 ml Sahne
1 Msp. Muskatnuss, frisch gerieben
Zesten von ½ Zitrone
Salz
Pfeffer
evtl. 2 Räucherfischfilets
Brotchips
Sprossen

Lauch und Knoblauch säubern und in Scheiben schneiden. Kartoffeln schälen und würfeln. In einem Topf Öl erhitzen, Lauch und Knoblauch ohne Farbe glasig anschwitzen.

Kartoffelwürfel dazugeben und mit der halben Flasche Cider ablöschen. Kurz einkochen lassen und mit dem Fischfond aufgießen.

Kochen, bis die Kartoffeln weich sind, Sahne zugießen, anschließend pürieren und mit Salz, Muskatnuss, Pfeffer, Zitronenzesten und dem restlichen Cider abschmecken.

Fischfilets in mundgerechte Stücke teilen und in Suppenteller geben. Heiße Suppe eingießen.

Eventuell mit Brotchips und frischen Sprossen garnieren.

Zubereitungszeit
ca. **35 Minuten**

Tipp   *Statt Cider könnt ihr auch nicht zu sauren Apfelmost oder als alkoholfreie Alternative Apfelsaft verwenden!*

Tomatisierte Fischsuppe mit Gin

5 **große, reife** Fleischtomaten
½ **Stange** Lauch
(der Länge nach halbiert)
2 **Knoblauchzehen**
2 **EL** Olivenöl
2 **TL** edelsüßes Paprikapulver
Zesten von ½ Zitrone

1 **l** klarer Fischfond (·Rezept Seite 161)
2–3 **Scheiben** altbackenes Weißbrot
Salz
Pfeffer
1 **kräftiger Schuss** Gin
½ **Bund** Basilikum
½ **Bund** Minze

Tomaten waschen, Strunk entfernen und in Stücke schneiden. Lauch und Knoblauch ebenfalls säubern und klein schneiden.

Olivenöl in einem Topf erhitzen, Lauch und Knoblauch glasig dünsten, Tomatenwürfel dazugeben und unter Rühren einkochen, bis die Flüssigkeit verdampft ist.

Paprikapulver und Zitronenzesten dazugeben, mit Fischfond aufgießen, Weißbrot für die Bindung dazugeben und aufkochen lassen. Ca. 10 Minuten weiterkochen lassen.

Anschließend pürieren und mit Salz, Pfeffer und Gin abschmecken. Nicht mehr kochen lassen. Gehackte Kräuter einrühren und rasch servieren.

Zubereitungszeit
ca. 30 Minuten

Asiatischer Nudeltopf

mit Wels, Karpfen und Forelle

3–4 getrocknete Shiitake-Pilze
2 orange Karotten
1 gelbe Karotte
3 Frühlingszwiebeln
½ Zucchini
1 kleines Stück Ingwer
3–4 Brokkoliröschen
1 EL Erdnussöl
1 TL Zitronengras, geschnitten
(frisch oder getrocknet)
1 kleine Chilischote, in feine Ringe geschnitten
(Schärfegrad nach Geschmack)

2 Knoblauchzehen, in Scheiben geschnitten
½ TL Koriander, gemahlen
1 ½ l klarer Fischfond
(›Rezept Seite 161)
350 g Fischfilets von Wels, Karpfen und Forelle
Salz, Pfeffer
100 g Reis- oder Glasnudeln
(oder auch jede andere Nudelsorte)
1 EL Sesamöl
1 Bund frischer Koriander
½ Bund Petersilie
Chilifäden

Zubereitungszeit
ca. 35 Minuten

Shiitake-Pilze in einer Schüssel mit lauwarmem Wasser einlegen. Anschließend halbieren oder vierteln.

Karotten schälen und in 2 cm lange Stifte schneiden. Frühlingszwiebeln in schräge, längliche Scheiben schneiden. Zucchini ebenfalls in 2 cm lange Stifte schneiden. Ingwer schälen und fein reiben. Karotten, Zucchini und Brokkoli in Salzwasser blanchieren (bissfest kochen).

Erdnussöl in einem Topf erhitzen, Zitronengras, Chili, Knoblauch und gemahlenen Koriander hinzufügen. Gut durchrühren, damit nichts anbrennt.

Mit Fischfond aufgießen. Die in mundgerechte Stücke geschnittenen Fischfilets einlegen und im Fischfond gar ziehen lassen. Dabei beachten, dass man die Stücke, die etwas dicker sind, zuerst einlegt. Suppe noch gut mit Salz und Pfeffer abschmecken.

Parallel dazu kann man sich schon mal um die Nudeln kümmern. Je nachdem, welche Sorte man gewählt hat, nach Anleitung zubereiten und anschließend mit dem Sesamöl vermengen.

Frische Kräuter grob hacken und bis zum Anrichten beiseite stellen.

Kurz vor dem Anrichten noch das Gemüse in die Suppe einlegen, damit dieses schön heiß wird.

Nudeln auf die Suppenschüsseln verteilen. Heiße Suppe mit dem Gemüse und dem Fisch über die Nudeln gießen. Mit den frischen Kräutern und Chilifäden garnieren.

Tipp   *Für extra Biss in der Suppe sorgen frische Sprossen von Linsen, Bockshornklee oder Senfkörnern. Mit Sojasauce und Schwarzkümmel kann man noch zusätzlichen Geschmack in die Suppe bringen. Wer Erdnüsse zuhause hat, kann diese rösten, anschließend hacken und über die Suppe streuen.*

Bouillabaisse von heimischen Fischen

mit Kürbiskernmayonnaise

3 Knoblauchzehen
¼ Stange Lauch
je ½ orange und gelbe Karotte
1 kleines Stück Stangensellerie
3 EL Sonnenblumenöl
600 g verschiedene Fischfilets
eventuell auch Flusskrebsschwänze
(für die Optik: ganze Flusskrebse)

1 EL Tomatenmark
(im Sommer: 3 ganze Fleischtomaten)
3 EL Wermut
125 ml Weißwein
1 ½ l klarer Fischfond zum Aufgießen
(▸Rezept Seite 161)
einige Safranfäden
Salz

Knoblauch schälen und fein hacken, Lauch in Scheiben schneiden, Karotten und Sellerie in kleine Würfel schneiden.

Öl in einem größeren Topf erhitzen, Gemüse und Knoblauch glasig dünsten, Safranfäden und Tomatenmark dazugeben. Mit Wermut und Weißwein ablöschen, Fischfond angießen und alles köcheln lassen, bis das Gemüse bissfest ist.

Erst am Ende Fischfilets (und Krebse) in die Suppe legen, salzen und noch etwa 4–5 Minuten in der Suppe ziehen lassen, damit sie innen schön glasig und saftig sind.

Tipp   *In Frankreich werden zu einer Bouillabaisse Aioli, eine Knoblauchmayonnaise sowie frisches Baguette serviert. Wir reichen eine regionale Variante dazu.*

Zubereitungszeit
ca. 25 Minuten

Kürbiskernmayonnaise

300 ml Kürbiskernöl
1 frisches Ei
1 TL Senf

1 Schuss Apfelessig
Salz, Pfeffer
etwas Zitronensaft

Alle Zutaten in ein hohes, schmales Gefäß geben. Den Stabmixer ganz in das Gefäß stellen. Von unten beginnend langsam aufmixen.

Abschmecken und mit getoastetem Brot zur Suppe essen. Im Kühlschrank hält sich die Mayonnaise 1–2 Tage.

Tipp   *Sollte die Mayonnaise nicht gelingen, das heißt insbesondere ausflocken oder flüssig bleiben, liegt das meist daran, dass eine oder mehrere Zutaten zu kalt sind. Wenn alle Zutaten Zimmertemperatur haben, lässt sich die Mayonnaise am einfachsten herstellen.*

Zubereitungszeit
ca. 5 Minuten

Karauschen im Backteig

mit Tomatensalsa und Fenchel-Zitronen-Salat

600 g frische Karauschenfilets, geschröpft
Salz
etwas Mehl für den Fisch
125 ml Milch
125 ml trockener Weißwein
3 Eigelb
150 g Mehl
3 Eiweiß
Öl oder Butterschmalz
zum Herausbacken

Steinsalz oder Fleur de Sel
zum Anrichten

Tomatensalsa:
1 Dose geschälte Tomaten
½ Knoblauchzehe
50 ml Olivenöl
Chili (nach Geschmack)
Salz
Pfeffer

Backofen auf 75°C Heißluft vorheizen. Karauschenfilets in mundgerechte Stücke teilen, salzen und bemehlen. Milch mit Weißwein, Eigelb und Salz verrühren, Mehl einmengen. Eiweiß mit einer Prise Salz zu steifem Schnee schlagen. Vorsichtig unter die Masse heben.

Frittierfett in einer hohen Pfanne oder Topf heiß werden lassen. Karauschenstücke durch den Backteig ziehen und im Fett goldbraun herausbacken. Auf einer Küchenrolle abtropfen lassen. Bis zum Anrichten im Backofen warm stellen, jedoch nicht abdecken.

Für den Tomatendip die Tomaten mit den übrigen Zutaten mit dem Pürierstab grob mixen und gut abschmecken.

Tipp Für den Backteig am besten jenen Wein verwenden, den man auch zum Essen trinkt. Ein Gläschen kann man da sicher entbehren.

Zubereitungszeit
ca. 25 Minuten

Backzeit
3–4 Minuten pro Stück

Fenchel-Zitronen-Salat

2 Fenchelknollen
1 Bund Dill
2 Zitronen

3 EL Olivenöl
Salz
Pfeffer

Fenchel waschen, das Grün abschneiden, hacken und beiseite stellen. Fenchel in sehr feine Streifen schneiden, den Strunk keilförmig herausschneiden oder hobeln und salzen.

Dill hacken, Zitronenzesten abreiben und den Saft auspressen. Fenchel mit Fenchelgrün, Dill, Zesten, Zitronensaft und Olivenöl vermischen. Abschmecken und servieren.

Variation Statt Zitronen passen auch Orangen oder Mandarinen und deren Filets wunderbar in den Salat.

Zubereitungszeit
ca. 10 Minuten

Kaltes klares Wasser

In der wievielten Generation unsere Familie das Fischereihandwerk ausübt, ist nicht genau überliefert. Meine Großmutter meinte immer, dass wir wohl schon seit vier Jahrhunderten vom Fischfang leben. Ich stamme also aus einer der ältesten Fischereifamilien des Traunsees, der schon von den Römern als „Lacus Felix" – als glücklicher See – bezeichnet wurde.

Glücklich hat der See auch mich gemacht, denn seit ich denken kann, bin ich dem kalten Wasser und seinen Lebewesen, der Verarbeitung und Zubereitung, dem Geruch von Fisch verfallen. Ich bin davon fasziniert und freue mich jeden Tag, selbst eines der besten, qualitativ hochwertigsten Nahrungsmittel zu produzieren: frischen Fisch! Meine Eltern haben vor knapp 50 Jahren ihr eigenes Fischrestaurant am See eröffnet, das mittlerweile von meinem Bruder weitergeführt wird. Mein Vater, Georg Moser, fährt in den warmen Monaten immer noch regelmäßig auf den See hinaus – denn Berufsfischer kennen keinen Ruhestand.

Quasi aufgewachsen im elterlichen Fischlokal, ist die Liebe zum Fisch und zur Gastronomie auch mein beruflicher Schwerpunkt geblieben. Im Herbst 2007 begann ich, die Fischzucht SALMOS in der Großalm am Fuße des Höllengebirges zu revitalisieren. Hans Bräuer, ein Pionier der österreichischen Fischzucht, hatte sie in den 1960er Jahren aufgebaut. Mittlerweile sind wir seit Jahren in Gmunden am Wochenmarkt erfolgreich vertreten und verkaufen unsere Fische freitags am Linzer Südbahnhofmarkt. Von Ostern bis Oktober besteht an den Wochenenden die Möglichkeit, selbst Fische aus dem Teich zu fischen. Somit können sich Besucher ein genaues Bild unserer Produktionsbedingungen machen. Neben Bach-, See- und Regenbogenforellen züchten wir See- und Bachsaiblinge und experimentieren seit einiger Zeit erfolgreich mit der Zucht von Binnenlachsen. Immer mehr private Teichbesitzer beziehen seit geraumer Zeit auch ihre Jungfische bei uns.

Mit der Geburt meines Sohnes Leo wurde mir noch bewusster, wie wichtig der respektvolle Umgang mit Natur und Tierwelt mit Blick auf nachkommende Generationen ist. Seit mehr als 6 Jahren ist meine Fischzucht biozertifiziert. Frische, unbelastete, möglichst natürlich gewachsene und erzeugte Lebensmittel bilden die Basis einer gesunden und nachhaltigen Ernährungsweise. Produkte aus kontrolliert biologischer Landwirtschaft können diesem Anspruch am ehesten gerecht werden und somit war für mich klar, dass ich mit meiner Fischzucht diesen Kriterien verpflichtet sein möchte!

Besonders wichtig ist mir, Fische in ihrem natürlichen Lebensraum und Verhalten so wenig wie möglich zu beschränken. Unsere Teiche sind locker bestückt und die Fische haben Raum für ein würdevolles und artgerechtes Leben! Das kalte, sauerstoffreiche Bergwasser der Aurach strömt unaufhaltsam. Die Wasserqualität ist neben dem Platzangebot einer der ausschlaggebenden Faktoren für die Bio-Zucht. Außerdem füttern wir ausnahmslos mit biologischem Fischfutter, welches ohne Einsatz von Gentechnik, ohne chemisch-synthetische Lagerschutzmittel oder künstliche Farbstoffe von biozertifizierten Herstellern produziert wird. Dadurch kann ich beste Qualität sicherstellen! Und – am Ende vielleicht das überzeugendste Argument – das schmeckt man auch!

Fischzucht SALMOS
Markus Moser | Großalm 49 | 4814 Neukirchen | Tel. 0043 664/5474568
markus@grossalm-biofisch.at | www.grossalm-biofisch.at

Fischrestaurant Moser
Nachdemsee 26 | 4816 Altmünster | Tel. 0043 7612/87560
www.fischrestaurantmoser.at

Spinatlasagne

Nudelteig:
300 g Mehl
3 Eier
½ TL Kurkuma, gemahlen
2 EL Olivenöl
2 EL Wasser

Béchamelsauce:
500 ml Milch
50 g Butter
2 gehäufte EL Mehl
Saft und Zesten von **1** Zitrone
Salz
Muskatnuss, frisch gerieben

Füllung:
1 kg frischer Blattspinat
oder **500 g** Tiefkühl-Blattspinat
2 kleine Zwiebeln
2 Knoblauchzehen
2 EL Olivenöl
Salz
Pfeffer
Muskatnuss, frisch gerieben
750 g frische Saiblings-
oder Lachsforellenfilets, ohne Haut
Saft von **1** Zitrone
100 g Schafkäse (Feta)
50 g Hartkäse

flüssige Butter und Paniermehl für die Auflaufform

Nudelteig herstellen, indem alle Zutaten zu einem glatten, geschmeidigen und glänzenden Teig verknetet werden. Zugedeckt im Kühlschrank rasten lassen. Währenddessen Spinat waschen, abtropfen und nudelig schneiden. Zwiebeln und Knoblauch schälen und klein schneiden.

Zwiebel, Knoblauch und (den aufgetauten) Spinat in Öl anschwitzen, zudecken und zusammenfallen lassen. Danach ohne Deckel fertig dünsten, abschmecken. Überschüssige Flüssigkeit wegschütten.

Fischfilets grob hacken, salzen und mit Zitronensaft mischen. Schafkäse zerkrümeln und zur Seite stellen. Hartkäse reiben.

Für die Béchamelsauce Milch in einem separaten Topf erhitzen. Butter in einer Pfanne schmelzen, Mehl einrühren und anschwitzen lassen. Mit einem Schneebesen (damit sich keine Klümpchen bilden) die Milch in die Mehlschwitze einrühren. Die Sauce unter ständigem Rühren einkochen lassen und mit den restlichen Zutaten abschmecken.

Eine ofenfeste Form mit flüssiger Butter ausstreichen und mit Paniermehl ausstreuen. Nudelblätter mit der Nudelmaschine dünn ausrollen und in der Größe der Auflaufform passende Teigplatten schneiden. Beginnend mit einer Schicht Spinat, dann Schafkäse, dann Fisch, dann Béchamel, dann Nudelblätter, alle Zutaten abwechselnd in die Auflaufform schichten. Mit einer Schicht Béchamel abschließen und mit dem restlichen Käse bestreuen.

Im vorgeheizten Backofen bei 180°C Heißluft knusprig backen.

Tipp   Man kann selbstverständlich fertige Lasagneblätter verwenden.

Zubereitungszeit
ca. 45 Minuten

Rastzeit Nudelteig
ca. 30 Minuten

Backzeit
35–40 Minuten

Gebratene Forellenfilets

mit Rote Rüben-Zitronen-Kruste

600 g *frische Forellenfilets, mit Haut*
Salz
weißer Pfeffer
Saft von **1** *Zitrone*
1 EL *Olivenöl*
50 g *Butter*
1 *Knoblauchzehe, angedrückt*
2 *Thymianzweige*

Kruste:
120 g *Butter*
70 g *Paniermehl*
[evtl. noch **1–2 EL** *mehr]*
1 EL *Haferflocken*
Zesten von **1** *Zitrone*
Salz
1 *kleine Rote Rübe, gekocht*

Die Grillfunktion des Backofens einschalten und heiß werden lassen.

Vier Forellenfilets ganz lassen, die übrigen zwei halbieren. Salzen, pfeffern und mit Zitronensaft beträufeln. Olivenöl und Butter in einer Pfanne erhitzen. Filets mit der Hautseite nach unten in die Pfanne legen und anbraten.

Nach 1 Minute wenden, Knoblauchzehe und Thymianzweige zufügen und kurz fertig braten. Die Filets dürfen ruhig einen glasigen Kern haben. Forellenfilets mit der Hautseite nach oben in eine gefettete ofenfeste Form legen.

Für die Kruste Butter in einem Topf zerlassen, Paniermehl und Haferflocken einrühren. Mit Zitronenzesten und Salz abschmecken. Rote Rübe sehr fein reiben und zu der Masse geben. Je nachdem wie feucht die Rübe ist, noch etwas mehr Paniermehl dazugeben. Die Masse für die Kruste sollte formbar, aber nicht flüssig sein.

Rote Rüben-Zitronen-Kruste auf den Forellenfilets verteilen und zum Überbacken in den Backofen unter den Grill schieben.

Zubereitungszeit
ca. **15 Minuten**

Überbacken
maximal **2–3 Minuten**

Tipp *Als Beilagen empfehlen wir zum Beispiel ein cremiges Spargel- oder Apfel-Sellerie-Risotto. Eine einfache Gemüsepfanne und Kräuterkartoffeln sind auch sehr köstliche Begleiter.*

Spinat-Polenta-Makis

250 ml *Milch*
250 ml *Wasser oder Gemüsefond*
Salz
Pfeffer
Muskatnuss, frisch gerieben
125 g *Polenta (Maisgrieß)*
1 EL *Reisessig*

je ½ orange, gelbe und violette Karotte
½ *Gurke*
große *Blattspinatblätter*
oder Mangoldblätter
2–3 *geräucherte*
oder gebeizte Fischfilets
2 EL *Meerrettich, frisch gerieben*

Fischarten
dickere Filets von
**Forelle, Saibling,
Karpfen, Zander**

Milch und Wasser oder Gemüsefond in einen Topf geben, würzen und aufkochen. Polenta unter Rühren dick cremig einkochen. In eine Schüssel leeren und abkühlen lassen, mit Reisessig abschmecken.

Karotten schälen und in dickere Stäbchen schneiden. Gurke entkernen und ebenfalls in Stäbchen schneiden. Blattspinat oder Mangold waschen und den dicken Stiel entfernen. Fisch in längliche Stücke schneiden.

Gemüsestäbchen in Salzwasser bissfest kochen, in kaltem Wasser abschrecken. Spinat- bzw. Mangoldblätter ebenfalls in Salzwasser blanchieren, mit kaltem Wasser abschrecken, damit die Farbe erhalten bleibt.

Spinatblätter eng auf eine Bambusmatte legen, Polenta darauf verteilen. Meerrettich, Gemüse und Fischstücke der Länge nach anordnen.

Die Bambusmatte eng einrollen und die so entstandenen Makirollen in den Kühlschrank geben. Vor dem Anschneiden müssen sie richtig gut durchgekühlt sein.

Mit einem scharfen Messer in mundgerechte Stücke schneiden und servieren.

Zubereitungszeit
ca. 45 Minuten

Abkühlzeit Polenta
ca. 1 ½ Stunden

Kühlzeit Makis
ca. 2–4 Stunden

Tipp
Wer keine Makis, sondern Sushi machen will, formt die Polenta einfach zu länglichen Stücken und legt frischen rohen oder eben gebeizten bzw. geräucherten Fisch darauf. Was beim Sushi der Wasabi ist, kann hier der Meerrettich mit etwas Essig verrührt sein.

Wer es natürlich ganz original machen will, verwendet Sushireis und Noriblätter.

Fischgröstl mit Zitronenjoghurt

650 g geräucherte und frische Fischfilets
750 g festkochende Kartoffeln
2 gelbe Zwiebeln
½ Stange Lauch
je **1** orange und gelbe Karotte
1 rote Paprika
1 kleines Stück Knollensellerie
2 Knoblauchzehen
je **1 EL** Butter und Öl zum Braten
2 Thymianzweige

Muskatnuss, frisch gerieben
Salz
Pfeffer

Zitronenjoghurt:
250 ml Joghurt
125 ml saure Sahne
Zesten von **2** Zitronen
Salz
Pfeffer

Fischarten
Forelle, Saibling, Hecht,
Karpfen, Wels, Reinanke, Zander

Fische in 2 cm große Stücke teilen. Kartoffeln gut waschen, eventuell bürsten und in der Schale in reichlich Salzwasser kochen.

In der Zwischenzeit das Gemüse waschen bzw. schälen und in gröbere, aber nicht zu dicke Stücke schneiden. Kartoffeln schälen und in Scheiben schneiden.

In einer Pfanne Butter und Öl erhitzen und Kartoffelscheiben sowie nach und nach das Gemüse kräftig anbraten. Fischstücke und Thymian dazugeben und fertig braten. Kräftig abschmecken.

Joghurt und saure Sahne miteinander verrühren, Zitronenzesten einrühren und abschmecken.

Zum heißen Gröstl servieren.

Zubereitungszeit
ca. 25 Minuten

Kochzeit Kartoffeln
je nach Größe ca. 20 Minuten

Die Regenbogenforelle ist Amerikanerin 1879 sandte die „U.S. Fish Commission" befruchtete Regenbogenforelleneier an das Aquarium am Trocadéro in Paris, wo diese erfolgreich aufgezogen wurden. Die Besucher waren von dieser „exotischen" Forelle begeistert. Von Frankreich aus wurde sie in ganz Europa verbreitet und setzte den heimischen Bachforellenbeständen zu. Durch ihr schnelles Wachstum und ihre Robustheit bezüglich Temperatur und Wasserqualität gelang der Regenbogenforelle eine einzigartige Verbreitung um die ganze Welt. Auch der beliebte Bachsaibling war ursprünglich nur in Nordamerika heimisch.

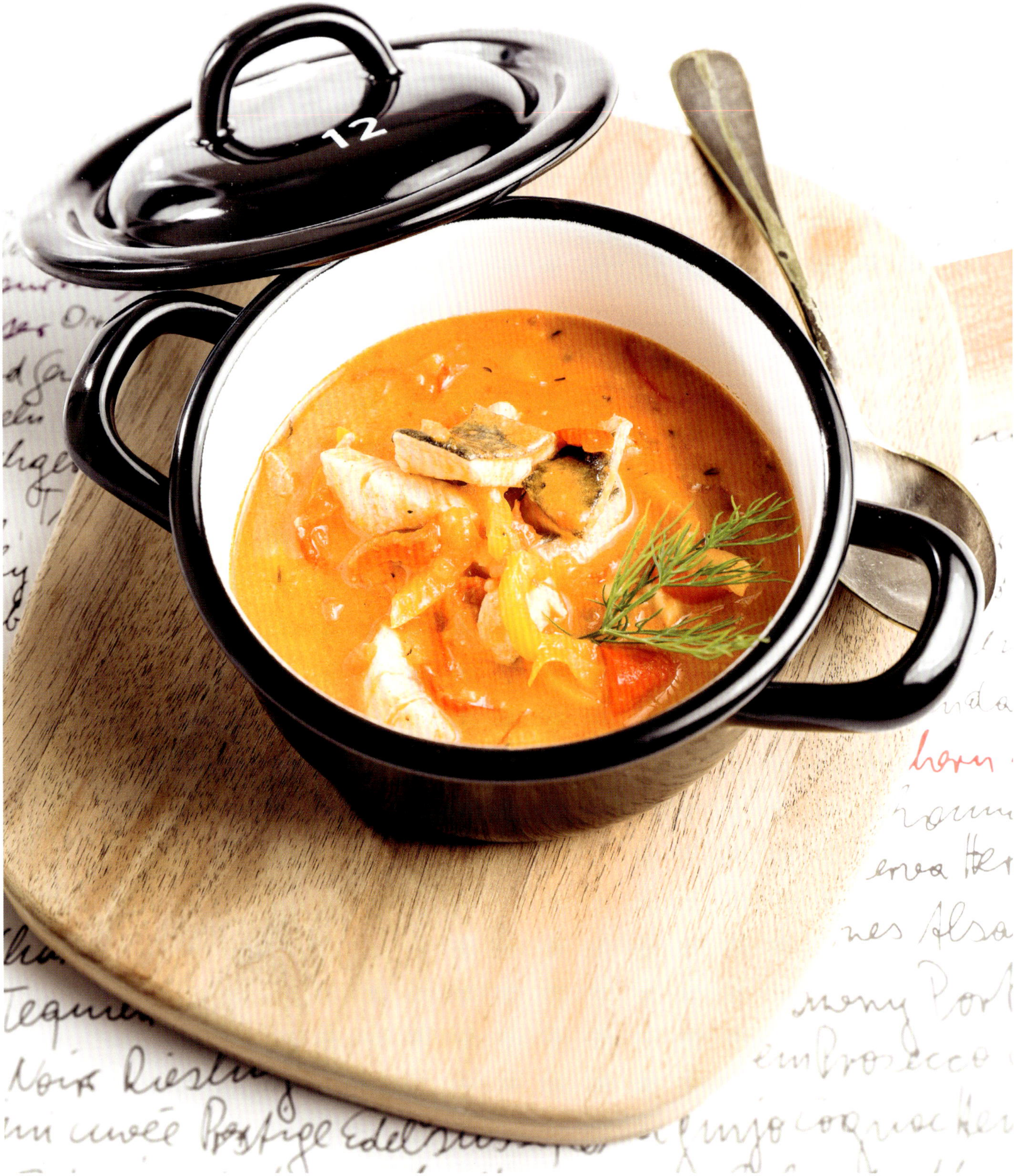
12

Fischgulasch

650 g *gemischte frische Fischfilets*
4 *Zwiebeln*
4 *orange und rote Paprika*
2 EL *Sonnenblumenöl*
3 *Knoblauchzehen,*
in Scheiben geschnitten
2 EL *Tomatenmark*
1 EL *edelsüßes Paprikapulver*

1 Schuss *Essig*
1 TL *Kümmel, gemahlen*
je 2 *frische Majoran- und Thymianzweige*
750 ml *klarer Fischfond*
[▸*Rezept Seite 161*]
150 g *saure Sahne*
Salz
Pfeffer

Fischarten
Karpfen, Zander, Wels,
Amur, Forelle, Saibling –
eigentlich alles!

Fisch in mundgerechte Portionen teilen und gekühlt zur Seite stellen. Zwiebeln schälen und fein würfeln.

Paprika waschen und Kerngehäuse entfernen. Anschließend in Streifen schneiden.

Öl in einem Topf erhitzen, Zwiebel, Paprika und Knoblauch anrösten. Tomatenmark mitrösten, Paprikapulver hinzugeben und mit Essig ablöschen. Dadurch bleibt die schöne Farbe erhalten.

Restliche Gewürze zugeben und mit Fischfond aufgießen. Aufkochen lassen und etwas weiterkochen lassen. Hitze reduzieren. Mit saurer Sahne binden.

Fisch zugeben und gar ziehen lassen.

Vor dem Servieren noch mal gut abschmecken.

Zubereitungszeit
ca. 25 Minuten

Kochzeit
20 Minuten

Tipp   *Je nach Jahreszeit und Verfügbarkeit kann man auch Innereien wie Leber, Rogen (Eier) oder Fischmilch (Samen) zum Gulasch geben. Einfach beim Fischhändler bzw. -züchter des Vertrauens nachfragen.*

Als Beilage passen gebratene Polenta, frisches Brot oder Kräuterspätzle.

Gebratener Zander-Saiblings-Zopf

Ein Festessen nach dem Rezept meiner Mama. Vielen Dank!

4 gleich große Zanderfilets, mit Haut
2 gleich große Saiblingsfilets, mit Haut
1–2 Rosmarinzweige

Zesten von **1** Zitrone und **1** Orange
Salz, Pfeffer
Olivenöl

Backofen auf 180°C Heißluft vorheizen.

Alle Filets der Länge nach halbieren. Pro Portion rechnet man 1,5 Filets, zwei Stränge vom Zander, einen vom Saibling. Drei Stränge vor sich auflegen und wie einen gewöhnlichen Zopf flechten.

Mit den restlichen Strängen genauso verfahren, bis man 4 Portionen hat.

Zöpfe salzen und pfeffern, mit gehacktem Rosmarin und Zitronen- und Orangenzesten einreiben. Auf ein gefettetes Backblech legen, mit Öl beträufeln und im Backofen braten.

Zubereitungszeit
ca. **20** Minuten

Bratzeit
ca. **15** Minuten im Backofen

Variation Für eine orientalische Note kann man den Fisch mit einer Gewürzmischung aus zerstoßenen Korianderkörnern, Kreuzkümmel, Kardamom, Zitronenzesten, Knoblauch, Kurkuma und Olivenöl bestreichen.

Tipp Achtet unbedingt darauf, dass die Fischfilets alle die gleiche Länge haben, damit ein schöner Zopf entstehen kann. Als Beilage eignen sich jegliches Gemüse, Bulgur, Kartoffelpüree oder Nudeln.

Karpfen-Kibbeh

Das Rezept stammt aus dem Nahen Osten und ist dort sehr weit und in unterschiedlichen Variationen verbreitet. Kibbeh bedeutet so viel wie Kugel.

200 g *Bulgur*
1 *Sternanis, im Ganzen*
2 *Kardamomkapseln*
1 *kleine Zwiebel, geschält,*
  mit **4** *Nelken und* **1** *Lorbeerblatt gespickt*
200 ml *Wasser*
4 *mittlere mehlige Kartoffeln, gekocht*
½ *Stange Lauch*
1 Bund *Petersilie*
1 Bund *Koriander*

350 g *frisches Karpfenfilet, geschröpft*
1 *Ei*
1 TL *Kreuzkümmel, gemahlen*
2 TL *Thymian*
1 TL *edelsüßes Paprikapulver*
1 TL *Chilipulver*
1 TL *Koriandersamen, zerstoßen*
Salz
Pfeffer
Öl zum Frittieren oder Anbraten

Bulgur mit Sternanis, Kardamom, gespickter Zwiebel und gesalzenem Wasser aufkochen und ausdampfen lassen. Anschließend auskühlen lassen. Kartoffeln grob reiben. Lauch nochmal der Länge nach halbieren und fein schneiden. Petersilie und Koriander hacken. Karpfen ebenfalls hacken. Alle Zutaten mit dem Bulgur vermischen. Mit dem Ei binden und mit den Gewürzen abschmecken.

Aus der Masse eiförmige Knödel formen und diese anschließend frittieren. Wer nicht frittieren möchte, drückt die Kibbeh flach, brät sie in heißem Fett in einer Pfanne von jeder Seite kurz an und schiebt sie anschließend noch bei 180°C für ca. 15 Minuten in den Backofen.

Zubereitungszeit
ca. 20 Minuten

Kochzeit Bulgur
ca. 10 Minuten

Frittierzeit
3–4 Minuten pro Stück

Tipp   *Damit die Zubereitung noch schneller geht, kann man die Kartoffeln und den Bulgur bereits am Vortag kochen. Dieses Rezept eignet sich auch zur Resteverwertung, wenn gekochter Bulgur oder Kartoffeln übrig bleiben. Wenn man die Kartoffeln kurz vor der Zubereitung gekocht hat: nach der Kochzeit schälen, vierteln und im Backofen bei rund 70°C und halb offener Backofentür für 15 Minuten ausdampfen lassen. Als Beilage empfehle ich Baba Ghanoush, das eine wunderbar cremige Ergänzung zu den knusprigen Kibbeh ist.*

Baba Ghanoush
Auberginencreme

2 *mittlere Auberginen*
Saft von **1** *Zitrone*
2 *Knoblauchzehen, geschält*
Salz

Pfeffer
3 EL *Olivenöl*
1 TL *Paprikapulver*
½ Bund *Petersilie*

Backofen auf höchster Stufe vorheizen. Die Auberginen mit einem spitzen Messer mehrmals einstechen und im Backofen backen, bis die Haut fast schwarz ist. Auberginen nach dem Backen kurz überkühlen lassen, der Länge nach aufschneiden und das Fruchtfleisch mit einem Löffel herauskratzen. In einen hohen Becher geben und mit den übrigen Zutaten, bis auf das Paprikapulver und die Petersilie, pürieren. Abschmecken, in eine Schüssel umfüllen und kalt stellen. Mit Paprikapulver und grob gehackter Petersilie anrichten.

Zubereitungszeit
ca. 10 Minuten

Backzeit
ca. 30–45 Minuten

Wels im Speckmantel

mit Süßkartoffelpüree und Asia-Salate-Pesto

4 *Welsfilets* (**ca. 750 g**)
Salz, Pfeffer
Saft und Zesten von **1** *Zitrone*
12 *Scheiben Speck*

20 g *Butter*
1 EL *Sonnenblumenöl*
1 *Knoblauchzehe, zerdrückt*
2 *Thymianzweige*

Die Fischfilets dritteln, würzen, mit Zitronenzesten einreiben, mit Zitronensaft beträufeln und jedes Stück mit Speck umwickeln.

Butter und Öl in einer beschichteten Pfanne erhitzen, Fischstücke einlegen und anbraten. Wenden. Knoblauchzehe und Thymianzweige in die Pfanne legen und den Fisch fertig braten.

Der perfekte Fisch hat noch einen glasigen Kern. Wie lange das dauert, hängt ganz davon ab, wie dick der Fisch ist. Mit ein wenig Übung bekommt man das locker hin.

Zubereitungszeit
ca. **15** Minuten

Süßkartoffelpüree

1 kg *Süßkartoffeln*
100 ml *Sahne*
50 g *Butter*

Muskatnuss, frisch gerieben
Salz
Pfeffer

Süßkartoffeln schälen, in mittelgroße Würfel schneiden, mit kaltem Wasser bedecken, salzen und weich kochen. Wasser abgießen und die Süßkartoffelwürfel unter ständigem Rühren auf niedriger Flamme ausdünsten lassen. Mit einem Kartoffelstampfer zerdrücken, die übrigen Zutaten mit dem Handmixer luftig einschlagen und abschmecken. Bis zum Anrichten warm stellen.

Zubereitungszeit
ca. **25** Minuten

Asia-Salate-Pesto

50 g *Asia-Salate*
2 EL *Walnüsse*
½ *Knoblauchzehe*
50 g *Hartkäse, gerieben*

150 ml *Sonnenblumenöl*
2–3 Tropfen *Weißweinessig*
Salz

Salate waschen und in der Salatschleuder trocken schleudern. Walnüsse hacken und in einer Pfanne ohne Fett rösten, bis sie gut zu duften beginnen. Salate, Walnüsse, geschälten Knoblauch, Käse, Sonnenblumenöl, Essig und Salz mit dem Pürierstab zu einem Pesto verarbeiten.

Zubereitungszeit
ca. **5** Minuten

Tipp   *Übrig gebliebenes Pesto in einem Schraubglas mit Öl bedecken und gut verschlossen im Kühlschrank aufbewahren.*

Ein Himmelsteich für Karpfen

Als wir nach langer Fahrt im Waldviertel ankommen, muss ich als Erstes meine Meinung über Karpfenteiche revidieren. In meiner Vorstellung waren das mehr oder weniger kleine runde Teiche. Den Teich, den Marc Mößmer im Waldviertel gepachtet hat, kann man jedoch guten Gewissens als See bezeichnen. Ein klares Indiz dafür, dass hier biologische Fischzucht betrieben wird.

Eines der wichtigsten Kriterien ist nämlich ausreichend natürlicher Lebensraum für die Tiere. Jeder einzelne Waldviertler Bio-Karpfen verfügt also über 20 Kubikmeter Platz. Auch die natürliche Fischvielfalt entspricht der nachhaltigen Teichwirtschaft: Neben Karpfen tummeln sich Brachsen, Hechte, Zander, Barsche, Rotaugen, Rotfedern, Schleien und mehr in Marcs Himmelsteich.*

*Himmelsteiche haben keinen eigenen Zufluss und werden nur durch Regenwasser gespeist.

Nachdem uns Marc in lockerem Ton viel Wissenswertes über die Karpfenteichwirtschaft nähergebracht hat, machen wir mit ihm eine Bootsfahrt auf dem See. Der Außenborder läuft bald nicht mehr rund, das Seegras wickelt sich immer wieder um die Schraube. So entschließen wir uns, durch den See zu staken und fühlen uns dabei fast wie in einer venezianischen Gondel. Die Ruhe um uns wird nur manchmal durch Hechte, die im Seichten ihrer Beute nachstellen, unterbrochen. Dem Geräusch nach dürften da einige stattliche Exemplare dabei sein. Immer wieder bringt Marc das sogenannte Wurfnetz aus, um Probefänge zu machen. An diesem Tag haben wir aber kein Glück und müssen uns auf Marcs Neffen verlassen, der mit seiner Angel vom Steg aus bereits Karpfen, Zander und Rotaugen erbeutet hat.

Die Karpfen-Saison beginnt im Oktober. Der Wasserspiegel wird gesenkt und die an den tiefen Stellen versammelten Fische werden mit Keschern herausgefischt. Marc Mößmers Fische können gleich nach dem Fang genossen werden. Der berüchtigte schlammige Geschmack tritt nur auf, wenn in überdüngten Teichen eine bestimmte Algenart entsteht und das ökologische Gleichgewicht nicht mehr in Ordnung ist.

Marc Mößmer ist ein Pionier der Bio-Fischzucht. Die von ihm 1994 gegründete ARGE Biofisch steht für Bio-Diversität und engagiert sich über die Grenzen Österreichs hinaus für eine nachhaltige biologische Wirtschaftsweise in der Fischzucht. Die ARGE Biofisch hat derzeit über 20 Mitgliedsbetriebe und ist auf zahlreichen Märkten in Wien vertreten. Auch Online-Bestellungen sind bereits möglich. Die Fische werden dann an den gewünschten Markt oder per Expresszustellung nach Hause geliefert. Auch der Bio-Handel wird beliefert. Wer auf Bio-Produkte setzt, dem muss klar sein, dass nicht das gesamte Angebot ganzjährig zur Verfügung steht. Auch Fisch ist ein saisonales Produkt. Karpfen & Co gibt's ab Ende Oktober bis ins Frühjahr, solange der Vorrat reicht. Dann heißt es wieder warten, bis die Teiche abgesenkt werden. Doch wie sagt man so schön, Vorfreude ist die schönste Freude!

Biofisch GmbH
Marc Mößmer | Bergsteiggasse 5 | 1170 Wien | Tel. 0043 699/17189665
office@biofisch.at | www.biofisch.at

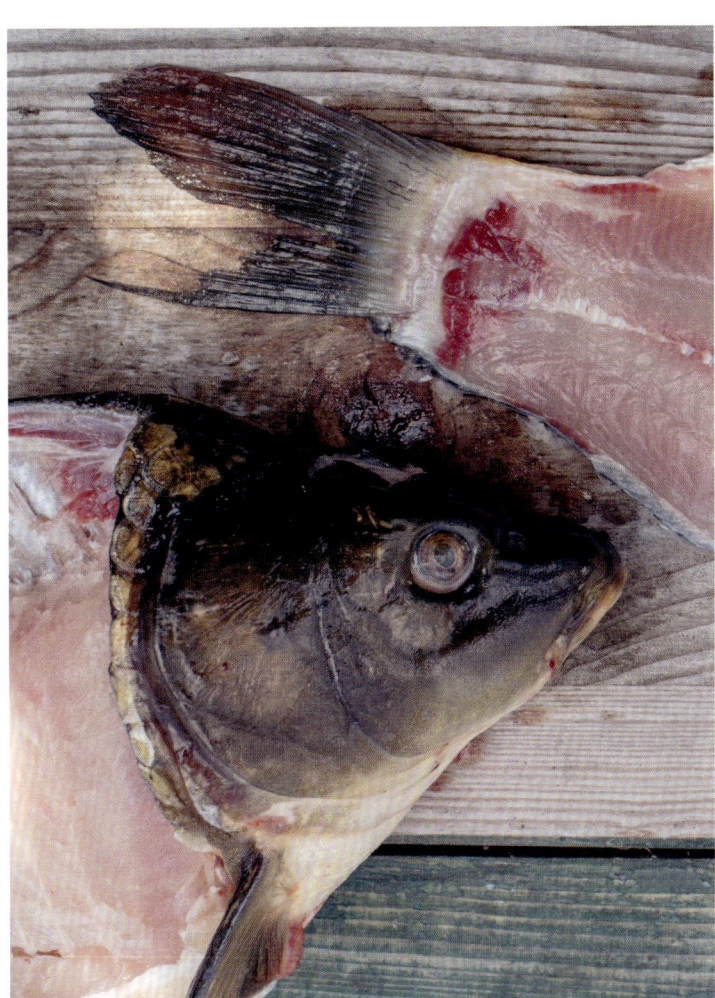

Zander in der Salzkruste

mit Zitronenkartoffeln

1 großer ganzer Zander,
*küchenfertig ausgenommen [ca. **1 kg**]*
1 Zitrone
***1 Handvoll** frische Kräuter*

2 Lorbeerblätter
*1 ½ **kg** grobes Steinsalz oder Meersalz*
2 Eiweiß
Salz, Pfeffer

Backofen auf 180°C Heißluft vorheizen.

Den Bauchraum des Zanders salzen und pfeffern. Zitrone waschen und in feine Scheiben schneiden. Kräuter hacken. Zitronenscheiben, Kräuter und Lorbeerblätter in den Bauchraum des Zanders stecken. Salz mit dem Eiweiß vermischen. Einen Teil des Salzes in der Größe des Fischs auf einem Backblech auftragen und den Zander darauflegen. Zander mit der übrigen Salzmasse bedecken und gut verschließen.

In den Backofen schieben und backen.

Aus dem Backofen nehmen und die Salzkruste aufklopfen. Vorsichtig vom Fisch heben. Die Haut des Fischs abziehen und das Fleisch vorsichtig von den Gräten heben (keine Angst vor dem Filetieren, da der Fisch ganz mürbe und saftig ist, löst sich das Fleisch fast von selbst). Anschließend das Fleisch auf den Tellern verteilen.

Vorsichtig arbeiten, damit kein Salz auf das Fleisch gelangt.

Zubereitungszeit
ca. **10 Minuten**

Backzeit
30–40 Minuten

Faustregel:
pro **500 g** Fisch kann
man **15–20 Minuten**
veranschlagen

Zitronenkartoffeln

***1 kg** kleine Kartoffeln*
***3 EL** Olivenöl*

*Saft und Zesten von **2** Zitronen*
Salz, Pfeffer

Kartoffeln gründlich waschen und ganz lassen. Olivenöl und Zitronensaft, sowie Zitronenzesten in eine ofenfeste Form geben.

Kartoffeln mit Salz und Pfeffer gewürzt in der Form gut durchmischen und zeitgleich mit dem Zander im Backofen braten.

Zubereitungszeit
ca. **10 Minuten**

Backzeit
40–50 Minuten

Knusprige Fischpatties

600 g *frische Fischfilets, ohne Haut*
1 **Handvoll** *frische Kräuter*
(wie Petersilie, Koriander, Basilikum, Minte)
1 *Ei*

3 **EL** *Paniermehl*
Salz
Pfeffer
Öl zum Anbraten

Fischfilets fein hacken und mit den restlichen Zutaten in einer Schüssel mischen.

Abschmecken und im Kühlschrank rasten lassen.

Öl in einer Pfanne erhitzen, aus der Fischmasse Laibchen bzw. flache Patties formen und im Fett von jeder Seite knusprig herausbraten.

Zubereitungszeit
ca. **10** Minuten

Bratzeit
ca. **5** Minuten

Variation — Die Fischpatties kann man schier unendlich variieren. Probiert getrocknete, eingelegte Tomaten und Oliven oder gekochte Linsen und verschiedene orientalische Gewürze oder Paprikapulver, viel Dill, Zitronenzesten und milden Schafkäse. Am besten ganz oft machen und herumexperimentieren. Sie eignen sich außerdem auch sehr gut zum Einfrieren.

Tipp — Burger mal anders! Wer genug von Beefburgern hat, kann die Patties mit den üblichen Beilagen und Dips im Brötchen servieren.

Fruchtig-cremiges Fischcurry

mit Kaffirlimettenblättern

750 g gemischte Fischfilets
2 Zwiebeln
2 Knoblauchzehen
2 Äpfel
3 mittlere Karotten
1 Zucchini
3 Fleischtomaten
2 EL Olivenöl oder Ghee (geklärte Butter)
1 TL Kreuzkümmel, gemahlen
1 TL Senfkörner
1 TL Korianderkörner, zerstoßen

½ Sternanis
2 Kardamomkapseln, angedrückt
½ TL Kurkuma, gemahlen
2 Kaffirlimettenblätter
500 ml klarer Fischfond
[▸Rezept Seite 161]
125 ml Sahne oder Kokosmilch

Garnitur:
frische Ananas-, Wassermelonen-
oder Mangostücke

Fischarten
Forelle, Saibling,
Hecht, Karpfen, Wels

Fische in mundgerechte Stücke teilen und bis zur weiteren Verwendung in den Kühlschrank stellen.

Zubereitungszeit
ca. 35 Minuten

Zwiebeln und Knoblauch schälen und grob hacken, Äpfel entkernen und ebenfalls in grobe Stücke schneiden.

Karotten schälen und in Scheiben schneiden, Zucchini waschen und in 2 cm große Würfel schneiden. Den Tomatenstrunk entfernen und Tomaten ebenfalls würfeln.

Zwiebel, Knoblauch und Äpfel mit Olivenöl in einem Topf erhitzen. Alle Gewürze, außer die Limettenblätter, mitrösten. Mit Fischfond aufgießen und kochen, bis die Äpfel weich sind. Sternanis und Kardamomkapseln entfernen und die so entstandene Currybasis pürieren. Sternanis und Kardamom mit den Limettenblättern wieder einlegen. Karotten hinzufügen und bissfest garen. Anschließend Zucchini, Tomatenwürfel und Sahne zugeben. Gut abschmecken.

Fisch aus dem Kühlschrank nehmen und würzen. In das Curry geben und gar ziehen lassen.

In tiefen Tellern mit fruchtiger Garnitur servieren.

Tipp

Als Beilage eignet sich natürlich ganz klassisch gedämpfter Reis, aber auch Gewürzbulgur oder frisches Fladenbrot [▸ Rezept Seite 149]. Man kann auch ein fruchtig-pikantes Chutney oder ein Gurken-Minze-Joghurt dazu essen.

Kaffirlimettenblätter erhält man frisch oder tiefgekühlt unter anderem auch in Asiashops. Mittlerweile gibt es schon einige Gärtnereien, die Kaffirlimettenbäumchen führen – eine wahre optische und kulinarische Bereicherung.

In Kürbiskernöl gebackener

Polenta-Karpfen

mit Kartoffelsalat

600 g *Karpfenfilet, geschröpft*
1 *Zitrone*
Salz
Pfeffer

150 g *Mehl*
3 *Eier*
150 g *Polenta (Maisgrieß)*
Kürbiskernöl zum Herausbacken

Karpfen in mundgerechte Stücke schneiden, mit Zitronensaft säuern, salzen und pfeffern. Anschließend in Mehl, versprudelten Eiern und Polenta panieren.

Kürbiskernöl fingerhoch in einer Pfanne erhitzen (bis maximal 110°C). Fischstücke einlegen und rundherum knusprig backen. Aus der Pfanne nehmen und auf Küchenrolle abtropfen lassen.

Im vorgeheizten Backofen bei ca. 70°C Heißluft warm halten.

Zubereitungszeit
ca. 15 Minuten

Backzeit
3-4 Minuten pro Stück

Kartoffelsalat

1 kg *festkochende Kartoffeln oder Salatkartoffeln*
1 *große rote Zwiebel*
125 ml *heißer Gemüsefond*
50 ml *Weißweinessig*

75 ml *Sonnenblumenöl*
2 TL *mittelscharfer Senf*
Salz
Pfeffer

Kartoffeln waschen, eventuell bürsten und in der Schale kernig weich kochen. Heiß schälen und in Scheiben schneiden.

Zwiebel in feine Streifen schneiden. Aus heißem Gemüsefond, Essig, Öl, Senf, Salz und Pfeffer eine Marinade herstellen.

Kartoffelscheiben und Zwiebeln in die Marinade geben und vorsichtig locker durchmischen. Etwas durchziehen lassen und vor dem Servieren unbedingt noch einmal abschmecken.

Zubereitungszeit
ca. 20 Minuten

Kochzeit Kartoffeln
ca. 20 Minuten

Marinierzeit
ca. 20 Minuten

Tipp
Am besten den Kartoffelsalat gleich zu Beginn machen, so kann er gemütlich durchziehen, bis der Fisch fertig frittiert ist. Am besten schmeckt Kartoffelsalat, wenn er ganz frisch ist und nicht im Kühlschrank gelagert wurde.

Sagt niemals Steckerlfisch zu ihm!

Der Riedling aus dem Traunsee ist eine Unterart der Reinanke, die in keinem anderen Alpensee vorkommt. Manche munkeln, es gäbe einen genverwandten „Cousin" im sibirischen Baikalsee. Wissenschaftlich ist das aber nicht bewiesen. Er wird kaum 20 bis 25 cm lang und war lange der Brotfisch des Traunsees. In den letzten Jahrzehnten gingen die Fänge leider zurück. In meiner Kindheit, als ich meine Großmutter und meinen Vater beim morgendlichen Fischfang begleitete, waren die Riedlingnetze noch weiß, so voll waren sie mit Fischen. In den Sommermonaten wurden an guten Tagen bis zu 10 kg Riedlinge gefangen. Diese wurden hauptsächlich als „Stanglfisch" vermarktet, aber auch geräuchert, gebraten oder mariniert.

Mittlerweile ist der Riedling schon eine Rarität und wird eher in der gehobenen Gastronomie ob seines feinen Geschmacks angeboten. Falls ihr die Möglichkeit habt, einmal frisch auf Holzkohle gegrillte Riedlinge zu ergattern, dann greift ordentlich zu. Aber Vorsicht, sagt niemals Steckerlfisch zu einem Stanglfisch. Das ist rund um den Traunsee beinahe ein Sakrileg und zieht meist einen langen Vortrag über die dramatischen Unterschiede nach sich.

Die Gründe des Rückgangs der Fischbestände ähneln denen anderer alpiner Seen. Vor der Einführung der Abwasserkanalisation gelangten Abfälle und Abwässer mit Phosphatrückständen in die Gewässer. Das dadurch vermehrt entstandene Plankton war und ist Grundnahrungsmittel der Riedlinge und Reinanken. Jetzt hat der Traunsee Trinkwasserqualität, das ist natürlich positiv, vielen Berufsfischern ist er aber ein wenig zu sauber!

Wie man aus einem Riedling einen Stanglfisch macht

Zutaten/Stangl:

1 fangfrischer, nicht gesäuberter Riedling (100–150 g) – schmeckt aber auch gut mit kleinen Reinanken oder Bach- und Seesaiblingen.

1 Stangl, idealerweise aus gespaltenem Fichtenholz, welches eine Nacht im Wasser eingeweicht wurde, damit es beim Grillen nicht so schnell Feuer fängt, ca. 35–40 cm lang, vierkantig und auf einer Seite scharf angespitzt

beste Holzkohle und feuerfeste Ziegel
grobes Salz

Das Stangl durch das Maul in den Bauchraum bis knapp zur Schwanzspitze führen. Kurz vor dem Durchstechen die Schwanzflosse nach unten drücken. Das Schuppen geht dann ganz leicht, weil man den Riedling gut am Stangl festhalten kann. An der Unterseite den Bauch ca. 4 cm einschneiden und den Magen und Darm herausholen. Dann den Fisch beidseitig schröpfen (▸Anleitung Seite 169, allerdings auf der Hautseite).

Manche Traunseer behaupten zu erkennen, welcher Berufsfischer den Fisch geschröpft hat, da jede Fischerfamilie es ein bisschen anders handhabt. Wir haben immer gerade und relativ tief geschnitten und 1 cm Abstand gelassen. Dann noch grobes Salz nach Belieben und schon kann es losgehen.

Das Auflegen der Fische ist nicht ganz so einfach, im Wesentlichen lehnt man Fisch an Fisch und grillt sie knapp über der Holzkohle, je nach Hitze, einige Minuten auf allen Seiten. Ein wenig dunkelbraun bis schwarz dürfen sie dabei schon werden. Nichts ist schlimmer als zu blasser Stanglfisch.

Tipp   *Dieses saftige Geschmackswunder mit Besteck zu essen, fällt beinahe unter Gotteslästerung. Man isst vom Stangl, indem man einfach beherzt in den Fisch beißt – die Gräten bleiben am Rückgrat hängen.*

Pochierte Saiblingsfilets

mit Wurzelgemüse und Meerrettichsauce

2 Karotten
1 gelbe Karotte
½ Stange Lauch
¼ Knollensellerie
6 Fischfilets (ca. **750 g**)
125 ml Weißwein

300 ml klarer Fischfond (▸Rezept Seite 161)
125 ml Sahne
2 EL Meerrettich, gerieben
1 Bund Schnittlauch, geschnitten
Salz
Pfeffer

Fischarten
alles, worauf ihr
gerade Lust habt!

Vier Fischfilets ganz lassen, die beiden anderen halbieren. Salzen.

Gemüse schälen bzw. säubern und feinnudelig schneiden. In Salzwasser blanchieren (bissfest kochen), kalt abschrecken und zur Seite stellen.

Weißwein und Fischfond auf Siedetemperatur bringen. Fischfilets einlegen und langsam unter Siedetemperatur gar werden lassen. Fischfilets herausnehmen und je ein ganzes und ein halbes auf Tellern verteilen.

Den Sud mit Sahne binden und abschmecken. 1 EL Meerrettich einrühren. Heiße Meerrettichsauce über die Filets leeren. Wurzelgemüse in wenig Wasser nochmals erwärmen. Je eine Portion auf die Filets setzen.

Mit Meerrettich und Schnittlauchröllchen garnieren.

Tipp Als Beilage eignen sich Salz- oder Petersilienkartoffeln oder Reis.

Zubereitungszeit
ca. 20 Minuten

Pochierzeit
ca. 5 Minuten

Unsere Macht als Konsumenten Überfischung und Umweltzerstörung setzen vielen Meeresfischen zu und gefährden ihren Bestand massiv. Wer gerne Fisch isst und dieser bedenklichen Entwicklung entgegensteuern möchte, kann durch sein Kaufverhalten einen entscheidenden Beitrag leisten. Eine wirkliche Alternative sind heimische Süßwasserfische aus Ihrer Region. Gerade viele kleinere Aquakulturbetriebe erfüllen bereits die Bio-Standards und verzichten häufig nur aufgrund des bürokratischen Aufwands auf ein entsprechendes Zertifikat.

Frische Fischravioli

mit zweierlei Fülle

Nudelteig:
400 g Mehl
1 Ei
100 g Karottenpüree
(aus **150 g** Karotten)
3 EL Öl
1 TL Salz

Butter zum Schwenken
Zesten von **2** unbehandelten Zitronen
70 g Hartkäse
z.B. Bergkäse oder Parmesan
Salz

Fülle 1:
100 g geräuchertes Karpfenfilet
150 g Quark
2 EL Paniermehl
Meerrettich, frisch gerieben
Salz, Pfeffer

Fülle 2:
250 g frische rotfleischige Saiblingsfilets
1 Ei
2 EL Paniermehl
1 Handvoll frische Kräuter, fein gehackt
Salz, Pfeffer

Für das Karottenpüree ca. 150 g Karotten schälen und in dünne Scheiben schneiden. Mit wenig Wasser untergießen und ganz weich kochen. Mit Salz abschmecken und pürieren. Kurz abkühlen lassen.

Nudelteig herstellen, indem alle Zutaten zu einem glatten, geschmeidigen und glänzenden Teig verknetet werden. Zugedeckt im Kühlschrank rasten lassen.

Für die erste Fülle: Karpfenfilet hacken, Quark glatt rühren, mit den übrigen Zutaten verrühren und abschmecken. Aus der Karpfen-Quarkfülle kleine Kugeln formen und bis zur weiteren Verwendung in den Kühlschrank geben.

Für die zweite Fülle: Saibling fein hacken und ebenfalls mit den restlichen Zutaten verrühren.
Aus der Masse ebenso kleine Kugeln formen und auch in den Kühlschrank stellen. Zwei Nudelblätter mit der Nudelmaschine (Stufe 5) ausrollen und auf die gut bemehlte Arbeitsfläche legen. Teigblätter mit Wasser oder Eiweiß bestreichen. Füllen in regelmäßigen Abständen auf dem Nudelblatt verteilen.

Nun das zweite Nudelblatt darüberlegen, leicht andrücken und mit einem runden Ausstecher oder mit Hilfe eines Wasserglases Ravioli ausstechen. Für die Optik kann man auch noch den Rand mit einer Gabel leicht andrücken.

Ravioli in kochendes Salzwasser geben, bis sie an die Oberfläche steigen, mit einem Schöpflöffel herausheben.

In einer Pfanne mit zerlassener, gesalzener Butter und Zitronenzesten schwenken. Vor dem Servieren mit Käse bestreuen oder eine frische Tomatensauce dazureichen.

Zubereitung Nudelteig
ca. **10** Minuten

Wer das Karottenpüree erst zubereiten muss, sollte hier noch einmal gute **15–30 Minuten** hinzurechnen.

Rastzeit Nudelteig
ca. **30** Minuten

Zubereitungszeit
ca. **40-50** Minuten

Tipp   Die Tomatensauce könnt ihr nach dem Rezept von Seite 123 zubereiten.

Lachsforelle-Spinat-Quiche

Optimal für eine Quicheform mit 22–24 cm Durchmesser

Teig:
200 g Mehl
100 g Butter
2 EL Mohnsamen, gemahlen
2 EL Dill, fein gehackt
2 EL kaltes Wasser
1 Ei
Salz

Butter für die Form
Mehl zum Ausrollen
Hülsenfrüchte (Bohnen, Linsen)
zum Blindbacken

Fülle:
1 kg frischer Blattspinat oder
500 g Tiefkühl-Blattspinat
1 kleine Zwiebel
2 Knoblauchzehen
3 EL Sonnenblumenöl
350 g Lachsforellenfilets
70 g Schafkäse (Feta)
200 g saure Sahne
3 Eier
80 g würzigen, fein geriebenen Käse zum Überbacken
Salz
Pfeffer
Muskatnuss, frisch gerieben

Quicheform mit flüssiger Butter ausstreichen. Backofen auf 180°C Heißluft vorheizen.

Aus Mehl, Butter, Mohn, Dill, Wasser, Ei und Salz einen Mürbteig herstellen und im Kühlschrank während der nächsten Zubereitungsschritte rasten lassen.

Blattspinat waschen, abtropfen lassen und grob zerschneiden. Zwiebel und Knoblauch schälen und fein hacken, mit Sonnenblumenöl in einem größeren Topf glasig dünsten, Spinat dazugeben, Deckel auf den Topf geben und Spinat zusammenfallen lassen. In ein Sieb leeren, über einer Schüssel abkühlen und abtropfen lassen.

Forellenfilets in mundgerechte Stücke teilen. Schafkäse in kleine Stücke teilen. Saure Sahne, Eier und geriebenen Käse verrühren. Abschmecken.

Mürbteig auf einer bemehlten Arbeitsfläche etwas größer als die Form ausrollen und in die Quicheform legen. Rand hochziehen bzw. an die Form anpassen. Mit einem Blatt Backpapier bedecken und mit Backbohnen im Ofen blind vorbacken.

Nach ca. 15 Minuten Backpapier und Bohnen entfernen. Anschließend Spinat und Fisch auf der Quiche verteilen. Mit der Saure Sahne-Ei-Käse-Mischung übergießen und fertig backen.

Zubereitungszeit
ca. 25 Minuten

Backzeit
35-40 Minuten

Blindbacken
ca. 15 Minuten

Abkühlzeit
ca. 15 Minuten

Michi fischt frische Fische

Cornelia und Michael Wesonig haben sich in den letzten fünf Jahren bei heimischen Fischliebhabern einen ausgezeichneten Ruf erarbeitet. Eigentlich kamen sie aus vollkommen anderen Branchen und sind Quereinsteiger. Das Fliegenfischen hatte es ihnen angetan und war aber bald mehr als nur ein leidenschaftliches Hobby.

Was mit der Zucht von Besatzfischen für den eigenen Teich begann, wurde zu einer Berufung. Mittlerweile umfasst das Sortiment See- und Bachsaiblinge, Lachs und Huchen, die vom Ei weg bis zum Schlachttag aufgezogen werden: „Wenn du am Land aufwächst, prägt das deinen Charakter. Du wirst stur und beinhart wie die Felsen dort oben, wenn es um Qualität geht: Wichtige Dinge gibst du einfach nicht aus der Hand. Das hat sicher mit Stolz zu tun, aber noch viel mehr mit Bewusstsein!"

Der wesentliche Erfolgsfaktor in der Zucht von Salmoniden ist das Wasser. Und von dieser „Zutat" hat Michi reichlich. Zwischen den Orten Rax und Mariazell in der Steiermark liegt der eigentliche Schatz von Österreich. Aus mehr Quellen, als man zählen kann, sprudelt eiskaltes, klares Trinkwasser von allerhöchster Qualität. Geschützt durch die Anforderungen an einen Naturpark, ist dieses Wasser die Basis für die Fischzucht. Gerade Saiblinge sind nämlich ziemlich heikel, wenn es um Wasserwerte geht. Michis Fische sind aber nicht nur diesbezüglich anspruchsvoll: Sie erhalten nur bestes biologisches Fischfutter, haben ausreichend Platz auf kiesigen Teichböden und können unter natürlichen Schattenflächen Schutz suchen.

Das wirkt sich natürlich auch auf den Geschmack aus. Die Fische werden nicht nur im Ganzen oder als Filet angeboten. Es gibt sie in unterschiedlichsten Veredelungsformen: zum Beispiel warm oder kalt über heimischer Rotbuche geräuchert, oder zart gebeizt mit Waldkräutern.

Michi hat sich seinen Betrieb selbst aufgebaut, hat sich in die Materie mit Begeisterung und Ausdauer vertieft. Der achtsame Umgang mit Mensch, Tier und Natur ist sein Thema und diese Philosophie zieht er in allen Bereichen seines Unternehmens durch. Michi ist außerdem einer der wenigen, auf jeden Fall der einzige Tierzüchter, den ich kenne, der, abgesehen vom gelegentlichen Konsum seiner eigenen Fische, Vegetarier ist und auf tierisches Eiweiß verzichtet.

Küchenchefs der gehobenen Gastronomie sind begeisterte Kunden und schätzen den Gebirgssaibling, der auf knapp 1000 Metern Seehöhe besonders langsam wächst und damit eine einzigartige Fleischstruktur entwickelt. Über seinen Online-Shop kann jeder in den Genuss von „Michis frischen Fischen" kommen. Innerhalb von 24 Stunden wird österreichweit versandt.

Michi's Frische Fische
Fischzucht DI Michael Wesonig | Naturpark Mürzer Oberland | Landscha 249 | 8160 Weiz | Tel. 0043 676/5520600
servus@michis-frische-fische.at | www.michis-frische-fische.at

Ganzer gebratener Kräuterfisch

aus dem Ofen

4 ganze Fische (je *ca. 250 g*), küchenfertig
2 Zitronen
2 Knoblauchzehen
2–3 Handvoll frische Kräuter

8 Lorbeerblätter
Olivenöl
Salz
Pfeffer

Fischarten
am liebsten **Forellen**
oder **Saiblinge**

aber auch
Zander, Hecht, Reinanken
oder kleine entschuppte **Karpfen**

Backofen auf 180°C Heißluft vorheizen.

Eine ofenfeste Form oder ein tiefes Backblech mit Olivenöl ausstreichen.

Fische waschen und trocken tupfen. Bauchraum salzen und pfeffern. Zitronen und Knoblauch in dünne Scheiben schneiden, Kräuter hacken. Zitronenscheiben, Knoblauch, Kräuter und Lorbeerblätter in den Bauchraum füllen.

Fische schräg auf beiden Seiten einschneiden und noch einmal salzen und pfeffern.

Mit Olivenöl einreiben. In die Form legen und braten.

Zubereitungszeit
ca. **10** Minuten

Bratzeit
30–40 Minuten

Tipp Als Beilage alles, was gefällt. Wir mögen es am liebsten ganz einfach, mit frischem Weißbrot oder in der Form mitgebratenen Kartoffeln und anderem Lieblingsgemüse.

Mehr Süßwasserfisch auf den Tisch! In Österreich werden pro Jahr 8 kg Fisch pro Person verspeist, 5% davon aus heimischer Fischerei oder Zucht. (Quelle: www.lebensministerium.at). Deutschland verzehrt mit 15,7 kg pro Kopf und Jahr fast doppelt so viel, 12% davon aus heimischer Erzeugung (wozu allerdings auch Meeresgebiete zählen), nur etwa ein Viertel davon sind Süßwasserfische (Quelle: www.fischinfo.de). In der Schweiz kommen pro Person 9,3 kg Fisch im Jahr auf den Teller, 5% davon sind heimischer Herkunft (Quelle: www.wwf.ch). Diese Zahlen machen deutlich, dass unser Appetit auf Süßwasserfische noch ausbaufähig ist.

Schleie blau

4 *sehr frische Schleien (je **ca. 250 g**, küchenfertig)*
800 g *kleine Kartoffeln*
150 g *Wurzelgemüse (Karotten, Knollensellerie, Pastinaken, Lauch)*
1 Bund *Dill*
1 ½ l *Gemüsefond*
250 ml *Weißwein*
40 ml *Essig (evtl. Weißweinessig,
auf jeden Fall neutral im Geschmack)*

Salz
3 *Lorbeerblätter*
je 4–6 *Wacholderbeeren, Pimentkörner
und Pfefferkörner, angedrückt*
4 EL *Essig
zum Übergießen der Fische vor dem Kochen*
70 g *Butter für die Kartoffeln*
100 g *Butter, flüssig*

Beim Blaukochen ist das Um und Auf, den Fisch so frisch wie möglich zu kaufen und ihn nicht abzuspülen, abzutupfen oder die sonst üblichen Vorbereitungsarbeiten durchzuführen.

Die frischen Schleien auf einen Teller legen.

Kartoffeln waschen, eventuell bürsten und in reichlich Salzwasser in der Schale während der folgenden Zubereitungsschritte weich kochen. Anschließend schälen und zur Seite stellen.

Das Wurzelgemüse in 1 cm große Stücke schneiden. Den Dill waschen, trocken schleudern, die Blätter abtupfen und hacken (später für die Kartoffeln verwenden). Die Dillstängel zum Wurzelgemüse geben. Gemüsefond mit Wein, Essig, Salz, den Gewürzen und dem Gemüse in einem länglichen Topf zum Kochen bringen.

Hitze reduzieren und leicht wallend unter dem Siedepunkt die Temperatur halten. Fische mit etwas Essig (je 1 EL) übergießen, vorsichtig in den Fond legen und gar ziehen lassen.

In der Zwischenzeit die Butter für die Kartoffeln in einer Pfanne zerlassen, Kartoffeln einlegen, und gut durchschwenken, bis sie wieder heiß sind. Mit Dill und Salz abschmecken.

Die Schleien sind sehr filigran. Vorsichtig aus dem Topf heben und auf vorgewärmte Teller legen. Haut abziehen und mit Dillkartoffeln und zerlassener Butter genießen.

Zubereitungszeit
ca. 15 Minuten

Ziehzeit
10–30 Minuten
je nach Größe der Fische
(zwischen 150–500 g)

Tipp   *Wer keine Schleien bekommt, kann natürlich auch Forellen, Saiblinge, Karpfen oder jeden anderen
ganz frischen Süßwasserfisch verwenden. Wichtig ist, dass sie eine intakte Schleimschicht haben
und vor dem Kochen nicht zu viel berührt werden.*

Im Päckchen gebratener

Fisch mit Sommergemüse

Saft und Zesten von **1** Orange
2 Zehen gehackter Knoblauch
1 Handvoll frische Kräuter, gehackt
3 EL Olivenöl
700 g verschiedene Fischfilets, mit Haut
8–12 Kirschtomaten

1 Zucchini
1 gelbe Paprika
1 grüne Paprika
1 rote Zwiebel
Salz
Pfeffer

4 Bögen Backpapier für die Päckchen (zum Grillen verwendet man Alufolie)

Fischarten
Amur, Forelle, Saibling,
Karpfen, Zander, Wels,
Hecht, Reinanke

Backofen auf 180°C Heißluft vorheizen.

Aus Orangenzesten und -saft, gehacktem Knoblauch, Kräutern und Olivenöl eine Marinade herstellen.

Fischfilets in vier Portionen teilen. Tomaten waschen und das Grün entfernen. Zucchini waschen, je nach Größe der Länge nach halbieren und in Scheiben schneiden, Paprika ebenfalls waschen, entkernen und in mittelgroße Stücke teilen. Zwiebel schälen und achteln.

Gemüse und Fisch mit der Haut nach unten gleichmäßig auf den Backpapierbögen verteilen, salzen und pfeffern und die Marinade darübergießen.

Die Ecken des Backpapiers hochklappen und verdrehen, um sie zu schließen.

Auf ein Backblech setzen und im Backofen fertig garen lassen.

Zubereitungszeit
ca. **25 Minuten**

Garzeit
ca. **15 Minuten**

Tipp   *Die Päckchen kann man auch auf dem Grill garen. Dafür aber unbedingt Alufolie verwenden und ansonsten ganz gleich verfahren wie mit dem Backpapier.*

Wels in fruchtiger Tomatensauce

700 g Welsfilet
1 ½ kg Tomaten
1 kleine Zwiebel
1 Schuss Weißwein
2 EL Olivenöl

1 Lorbeerblatt
2–3 Wacholderbeeren, angedrückt
1 Zitrone
1 Schuss Gin zum Abschmecken
Salz, Pfeffer

Backofen auf 180°C vorheizen.

Wels in fünf Zentimeter große Stücke teilen. Anschließend wieder in den Kühlschrank geben.

Tomaten in mittelgroße Stücke schneiden. Zwiebel schälen, fein schneiden und in Olivenöl anschwitzen, mit Weißwein ablöschen. Tomatenstücke und die restlichen Gewürze dazugeben und auf kleiner Flamme langsam und gut zerkochen lassen.

Sauce mit Zitronensaft und -zesten, Gin, Salz und Pfeffer abschmecken und in eine ofenfeste Form umleeren.

Welsstücke würzen und auf die Sauce setzen. Im Backofen gar ziehen lassen.

Zubereitungszeit
15 Minuten

Kochzeit
60–90 Minuten

Garzeit im Backofen
ca. 20 Minuten

Tipp Wir essen dazu besonders gerne bissfest gekochte Spaghetti oder einfach ganz frisches Brot. Manchmal kochen wir auch etwas Gemüse mit und bröseln vor dem Servieren noch Schafkäse darüber.

Zeit erspart man sich natürlich, wenn man die Tomatensauce schon am Vortag kocht oder überhaupt fertig eingekochte aus dem Vorrat verwendet.

Cremiges Risotto
mit Flusskrebsen

500 g *gemischte Fischfilets*
400 g *Risottoreis*
1 *mittlere Zwiebel*
2 *Knoblauchzehen*
1 EL *Olivenöl*
20 g *Butter*
¹/₁₆ l *Weißwein*
1 *Lorbeerblatt*
1 *Thymianzweig*

1 l *heißer klarer Fischfond*
[▸*Rezept Seite 161*]
200 g *Flusskrebsfleisch*
[▸*Anleitung zum Auslösen Seite 170*]
Salz
Pfeffer
Saft und Zesten von 1 *Zitrone*
80 g *kalte Butter*
70 g *Hartkäse*

Fischarten
Forelle, Saibling, Karpfen,
Zander, Wels, Hecht, Reinanke

Fischfilets trocken tupfen und in mundgerechte Stücke schneiden, im Kühlschrank zugedeckt kalt stellen. Risottoreis in einer Schüssel mit kaltem Wasser durchwaschen und abseihen.

Zwiebel und Knoblauch schälen und fein hacken. Beides in einem Topf in Olivenöl und Butter anschwitzen. Reis zugeben, gut durchrühren und mit Weißwein ablöschen. Wein verdampfen lassen, Lorbeer und Thymian dazugeben. Anschließend mit ein bis zwei Schöpfern Fischfond aufgießen. Das Risotto unter regelmäßigem Rühren bissfest kochen. Immer wieder Fischfond zugießen.

Kurz vor Ende der Garzeit Fischstücke und Flusskrebsfleisch untermengen und heiß werden lassen. Mit Salz, Pfeffer, Zitronensaft und -zesten abschmecken.

Kurz vor dem Servieren die übrige kalte Butter und den geriebenen Hartkäse einrühren.

Zubereitungszeit
ca. 15 Minuten

Garzeit
20–25 Minuten

Tipp   *Wenn die Möglichkeit besteht, frische Flusskrebse zu bekommen, dann je einen zur Dekoration ganz lassen. Die roten Krustentiere ergeben einen dekorativen und köstlichen Blickfang.*

Für intensiveren Geschmack kann man auch geräucherte Fische verwenden.

Fish & Chips

im Bierteig

3 Eier
250 ml Bier
1 Prise Salz
150 g Mehl

Öl zum Frittieren
600 g Filets von Weißfischen
etwas Mehl für den Fisch
Essig

Fischarten
Weißfisch

es gehen natürlich auch
Forelle, **Saibling**,
Wels oder **Hecht**

Backofen auf 75°C Heißluft vorheizen.

Eier trennen. Bier, Eigelb und Salz in einer großen Schüssel verrühren, Mehl einmengen.

Eiweiß mit einer Prise Salz zu steifem Schnee schlagen. Vorsichtig unter die Masse heben.

Eine Pfanne mit Frittieröl heiß werden lassen. Fischstücke durch den Backteig ziehen und im Fett herausbacken. Auf Küchenrolle abtropfen lassen. Bis zum Anrichten im Backofen warm stellen, jedoch nicht abdecken.

Kurz vor dem Servieren etwas Essig über den Fisch tröpfeln oder zum individuellen Würzen separat dazureichen.

Zubereitungszeit
ca. 35 Minuten

Chips

1 kg festkochende Kartoffeln
Öl zum Frittieren

Salz
Ketchup

Kartoffeln gut waschen, eventuell auch abbürsten. Anschließend in Stifte schneiden und in reichlich Salzwasser blanchieren (bissfest kochen). Sehr sorgfältig trocken tupfen, damit es beim Frittieren nicht so spritzt. Frittieröl in einem großen Topf oder einer Pfanne auf 190°C erhitzen und Chips portionsweise darin knusprig frittieren.

Ebenfalls im Backofen warm halten, bis alle Chips fertig sind. Salzen und mit Ketchup servieren.

Zubereitungszeit
ca. 30-40 Minuten

Tipp   *Wer die Kartoffeln nicht frittieren will, kann sie auch im Backofen bei 180°C Heißluft braten. Beim Ketchup kann man auch ein wenig variieren. Spannend wird es zum Beispiel mit Curry. Wer Ketchup selber macht, kann auch mal versuchen, Johannisbeeren oder Kürbisstücke mit den Tomaten mitzukochen.*

Fusillisalat

mit geräuchertem Fisch und Basilikumpesto

1 **Bund** Basilikum
3 **EL** Sonnenblumenkerne
1 Knoblauchzehe
30 **g** Bergkäse
150 **ml** Olivenöl
4 geräucherte Filets
(von unterschiedlichen Fischen)

200 **g** bunte Kirschtomaten
1 rote Zwiebel
150 **g** Fusilli (Spiralnudeln)
75 **ml** Olivenöl
50 **ml** Apfel- oder Weißweinessig
Salz
Pfeffer

Fischarten
Forelle, Saibling
Amur, Karpfen

Basilikum abzupfen, waschen und trocken schleudern. Sonnenblumenkerne in einer Pfanne ohne Zugabe von Fett rösten.

Zubereitungszeit
ca. 20 Minuten

Knoblauch schälen, Bergkäse reiben.

Alle Zutaten in einem hohen Gefäß mit Olivenöl mixen und abschmecken.

Fischfilets in mundgerechte Stücke schneiden. Tomaten je nach Größe halbieren, vierteln oder ganz lassen.

Zwiebel schälen und in feine Ringe schneiden. Fusilli in Salzwasser bissfest kochen und kalt abschrecken.

Alle Zutaten miteinander vermischen, mit Olivenöl und Essig marinieren und abschmecken.

Fisch frisst Fisch *Mehr Aquakulturen schonen die natürlichen Fischbestände nicht zwangsläufig. Raubfische wie Forelle oder Saibling brauchen für ein gesundes Wachstum Fisch als Futter, das wiederum meist aus Meeresfischen besteht. In der ökologischen Aquakultur muss auch das Futter aus nachhaltiger Fischerei stammen. Aber letztlich kann man auch in der ökologischen Aquakultur von tatsächlicher Nachhaltigkeit aktuell nur bei Friedfischen wie Karpfen, Rotauge oder Schleie sprechen. Diese können ausschließlich mit biologischem Getreide und dem natürlich entstehenden Plankton gefüttert werden. Nach ca. 3 Jahren erreichen Karpfen bereits ein Schlachtgewicht von 2 bis 2,5 kg.*

Forellenröllchen

mit Kräuterfrischkäse

je ½ **Bund** Minze, Basilikum,
Oregano, Petersilie und Dill
je **2** frische Thymian- und Rosmarinzweige
8 frische Forellenfilets (je **ca. 100 g**)
250 g Frischkäse
100 g Quark
1 Ei

2 EL Paniermehl
1 Knoblauchzehe
Weißwein und klarer Fischfond (▸Rezept Seite 161)
zum Untergießen
Butter zum Ausstreichen und als Butterflöckchen
Paniermehl
Salz, Pfeffer

Backofen auf 170°C Heißluft vorheizen.

Eine Auflaufform mit Butter ausstreichen. Kräuter abzupfen und fein hacken.

Forellenfilets trocken tupfen und auf einer Arbeitsplatte auslegen. Würzen.

Frischkäse, Quark und Ei verrühren. Paniermehl, Kräuter und die fein gehackte Knoblauchzehe einrühren und gut abschmecken. Jedes Forellenfilet reichlich mit dem Kräuterfrischkäse bestreichen, der Länge nach einrollen und in die Auflaufform setzen.

Mit Weißwein und Fischfond aufgießen, sodass mindestens 1 cm hoch Flüssigkeit in der Form ist. Auf jedes Röllchen eine Butterflocke setzen und Paniermehl darüberstreuen.

Im Backofen fertig braten.

Zubereitungszeit
ca. 20 Minuten

Bratzeit
ca. 30 Minuten

Tipp Wer mag, kann die verbleibende Flüssigkeit im Anschluss mit Sahne und Kräutern zu einer Sauce einkochen. Sehr gut dazu passen aber auch geschmolzene Tomaten (in Butter und Öl geschmorte Tomatenwürfel) oder Kürbisgemüse sowie gebratene Polentataler.

Lettischer Fischeintopf

mit Essiggurken und Zitrone

750 g verschiedene frische Fischfilets
(mit oder ohne Haut)
2 mittlere Zwiebeln
4 große Kartoffeln
3 orange Karotten
2 EL Öl

2 TL edelsüßes Paprikapulver
600 ml klarer Fischfond [▸Rezept Seite 161]
4 mittlere Essiggurken und etwas Flüssigkeit
1 Bund Dill
1 Zitrone
Salz, Pfeffer

Fischarten
Karpfen, Karausche, Rotfeder

aber ebenso
Forelle, Saibling oder Zander

Fischfilets in mundgerechte Stücke schneiden und zugedeckt in den Kühlschrank stellen.

Zwiebeln schälen, halbieren und in Streifen schneiden. Kartoffeln und Karotten schälen und grob reiben. Öl in einem Topf erhitzen und Gemüse durchrösten. Paprikapulver zugeben.

Mit etwas Essiggurkenwasser ablöschen, dadurch bleibt die rote Farbe des Paprikapulvers erhalten.

Mit Fischfond aufgießen und aufkochen lassen. Wenn die Kartoffeln weich sind, gesalzene Fischstücke und die in Scheiben geschnittenen Essiggurken einlegen, gar ziehen lassen.

Dill grob hacken, Zitrone in Scheiben schneiden und kurz vor dem Servieren in den Eintopf geben.

Zubereitungszeit
ca. 25 Minuten

Garzeit
ca. 15 Minuten

Tipp *Wir haben diesen Eintopf am Zentralmarkt in Riga gegessen und waren begeistert. Serviert wurde er mit getoastetem Roggenbrot, er schmeckt aber auch hervorragend mit Weißbrot. Wer es ganz deftig mag, kann auch noch in Streifen geschnittenes Weißkraut oder Sauerkraut mitkochen.*

Ein Wels als Geburtstagsgeschenk

Fischzucht hat am Gut Hornegg schon jahrhundertelange Tradition. Der Name hat weniger mit Horn und Eck zu tun als mit dem mittelhochdeutschen Wort „hore", das feucht und sumpfig bedeutete.

Die Familie der Hornegger wurde schon im Jahr 1230 in einer Urkunde des Stainzer Chorherrenstifts erwähnt. Die Augustiner Chorherren nützten Hornegg im 17. und 18. Jahrhundert als Sommerrefugium und unterhielten hier eine Fischzucht. Heinrich Hollers Vater nahm in den 1960er Jahren diese jahrhundertealte Tradition wieder auf und begann, neben seinem Beruf als Bezirksrichter, Fische zu züchten.

Mittlerweile trägt Heinrich Holler die Verantwortung für die alten Klosterteiche, die sich in wahre Biotope für Süßwasserfische verwandelt haben. Die Fischwirtschaft ist ihm buchstäblich in die Wiege gelegt worden. Zur Geburt bekam er nämlich einen Wels geschenkt. Nachdem dieser seinem Schicksal, als Festtagsmenü zu enden, mehrfach entgangen war, starb er nach 43 Jahren mit einer stolzen Länge von 2,20 Metern.

Die Fischzucht selber empfindet der Fischereimeister gar nicht so arbeitsintensiv, „die Hauptarbeit ist die Vermarktung". Heinrich setzt sich intensiv mit der Veredelung seiner Fische auseinander. Feinschmecker schwärmen von der Paté von Räucheramur, den Karpfensülzchen, dem Karpfen-Linsen-Salat, dem Räucheraufstrich aus Karpfen und Kartoffeln oder der Tarama – einer griechischen Spezialität – aus Fischkaviar und Knödelbrot. Alles streng biologisch und fangfrisch verarbeitet.

90 Prozent des Bestandes gehen an Endverbraucher, weitere 10 Prozent an die Gastronomie. Karpfen, Zander, Hechte, Rotaugen, Schleien und Welse gibt's während der Saison von Oktober bis Juni jeden Donnerstagnachmittag im Hofladen oder auf diversen Märkten in der Region. Aber auch bequem von zu Hause aus kann frischer Fisch eingekauft werden: „Wir versenden unsere Fische auch via Online-Shop in ganz Österreich innerhalb von 24 Stunden."

Gut Hornegg ist ein richtiger Familienbetrieb. Die beiden Schwestern von Heinrich, Marie-Theres und Christiane, sowie der Bruder Meinhard machen den Gutshof mit innovativen Ideen gemeinsam zukunftsfit. Feriengäste, die vor Ort die Freuden der südsteirischen Weinstraße genießen, können selbst angeln und ihren Fang auf den Grill legen oder im Hofladen Fische erwerben. Bereits sehr intensiv wird über ein Restaurant nachgedacht. „Immerhin sind meine Mutter und meine Schwester Christiane begnadete Köchinnen." Die Vorbereitungen dauern noch an. „Da müssen wir richtig was investieren. Denn wenn wir das machen, dann richtig!"

Gut Hornegg | Fischereimeister Heinrich Holler
Tobis 1–3 | 8504 Preding | Tel. 0043 3185/2304 bzw. 0043 650/4335176 | Fax. 0043 3185/2304 4
teichwirtschaft@gut-hornegg.at | www.gut-hornegg.at

Gratinierte Rotaugen-Cannelloni

mit Tomatensauce

Diese Rezeptidee haben wir Regula Bösch, der Fischerin vom Bodensee, zu verdanken. Vielen Dank für deine Begeisterung für Rotaugen und das Kochen!

750 g *Rotaugenfilets*
2 Handvoll *frische Kräuter*
wie Petersilie, Dill, Basilikum
1 *frisches Kaffirlimettenblatt*
2 *Knoblauchzehen*
2 *Eier*

2 EL *Paniermehl*
1 Portion *Tomatensauce [▸Rezept Seite 123]*
1 Pkg. *Cannelloni*
1 Kugel *Mozzarella*
Salz
Pfeffer

Backofen auf 170°C Heißluft vorheizen.

Die Rotaugenfilets trocken tupfen und sehr fein hacken oder durch den Fleischwolf drehen. Kräuter, Limettenblatt und Knoblauch sehr fein hacken. Fischmasse, Kräuter, Knoblauch, Eier und Paniermehl miteinander vermischen und abschmecken. Anschließend in einen Spritzbeutel füllen.

Tomatensauce bodenbedeckend in eine Auflaufform geben. Fischfarce mit Hilfe des Spritzbeutels in die Cannelloni füllen und diese in die Auflaufform schichten.

Die Cannelloni sollten mit der Tomatensauce bedeckt sein, damit sie beim Backen auch durchgegart werden. Vor dem Backen noch mit grob geriebenem Mozzarella bestreuen.

Zubereitungszeit
ca. 25 Minuten

Backzeit
35–45 Minuten

Warum Bio-Fisch? *Ein grundlegender Unterschied zwischen konventioneller und ökologischer Fischzucht ist die Art der Haltung. Bio-Fische dürfen nur in Teichen, die möglichst dem natürlichen Lebensraum entsprechen, gehalten werden. Ganz wichtig ist eine entsprechende Wasserversorgung mit sauerstoffreichem und sauberem Wasser. Ein wesentlicher Faktor ist auch der Platz, den die Fische zur Verfügung haben. Je nach Gattung sind in der ökologischen Aquakultur Besatzdichten von 15 bis 25 kg Fische pro m³ erlaubt. In der konventionellen Zucht gibt es keine Grenzwerte und dadurch ist ein artgerechtes Leben oft nicht möglich. Nicht nur durch den dadurch manchmal notwendigen präventiven Einsatz von Antibiotika ist diese Haltung bedenklich, sie wirkt sich auch auf Qualität und Geschmack des Fischfleischs aus.*

Flusskrebse
mit Schnittlauchdip

Wir empfehlen, anstelle des Salzwassers einen leichten Gewürzfond als Kochsud zu verwenden!

12–15 *frische Flusskrebse pro Person*

Gewürzfond:

5 l Wasser	**½ Bund** frischer Dill
2 l Gemüsefond	**3** Lorbeerblätter
3 TL Salz	**3** Wacholderbeeren, angedrückt
1 TL gemahlener Kümmel	**2** Pimentkörner, angedrückt

In einem großen Topf mit mindestens 9 Litern Fassungsvermögen das Wasser mit dem Gemüsefond und den Gewürzen zum Kochen bringen. In diesen kochenden (!) Gewürzsud werden die lebenden Krebse portionsweise eingelegt.

Es ist unbedingt darauf zu achten, dass nicht zu viele Krebse auf einmal eingelegt werden, damit das Wasser immer weiterkocht. Durch die enorme Hitze tritt ein schneller, tödlicher Schock ein und der Panzer verfärbt sich rot. Sind die Krebse eingelegt, sollte man die Hitze reduzieren und sie 3–4 Minuten ziehen lassen.

Anschließend hebt man sie aus dem Wasser und stellt sie, bis die restlichen Krebse gegart sind, auf einer Platte im vorgeheizten Backofen bei rund 70°C Heißluft warm.

Tipp   *Weitere Informationen zum richtigen Zubereiten und Aufbrechen der Krustentiere erfahrt ihr in unserer Fischschule [▸ Anleitung Seite 170].*

Zubereitung Gewürzfond
ca. 15 Minuten

Garzeit Krebse
ca. 4–5 Minuten

Schnittlauchdip

250 g saure Sahne	**1 EL** Petersilie
2 EL Naturjoghurt	Zesten von ½ Zitrone
2 EL Schnittlauchröllchen	Salz
½ Bund Dill	Pfeffer

Saure Sahne und Joghurt glatt rühren. Kräuter fein hacken.

Alle Zutaten miteinander verrühren und abschmecken.

Tipp   *Als Beilage empfehlen wir in Öl geröstete dunkle Brotscheiben, welche mit zerdrückten Knoblauchzehen eingerieben werden.*

Wer keinen großen Topf (mindestens 9 l) hat, kann ja mal im Lokal seines Vertrauens fragen, ob man sich einen ausborgen kann.

Zubereitungszeit
ca. 5 Minuten

Bunter Fish Pie

Für 1 Tortenform mit 24–26 cm Durchmesser

600 g *Fischfilets*
3 *mittlere Karotten*
2 *mittlere Rote Rüben, gekocht*
2 *rote Zwiebeln*
2 EL *Öl*
1 *großer* Schuss *Weißwein*
1 Bund *Petersilie*
Salz
Pfeffer

Teig:
400 g *Mehl*
200 g *Butter oder Schmalz*
2 *Eier*
200 ml *eiskaltes Wasser*

Salz
Mehl zum Ausrollen des Teiges
Backpapier für die Form
Hülsenfrüchte (Bohnen, Linsen)
zum Blindbacken
1 *Ei zum Bestreichen*

Béchamelsauce:
125 ml *klarer Fischfond*
[▸*Rezept Seite 161*]
125 ml *Milch*
50 g *Butter*
2 EL *Mehl*
Zesten von 1 Zitrone
Muskatnuss, frisch gerieben

▸Rezept Seite 161

Fischarten
*alles, worauf ihr Lust habt
und was gerade erhältlich ist!*

Aus Mehl, Butter, Eiern, Wasser und Salz einen glatten Teig kneten, in Frischhaltefolie einwickeln und kalt stellen. Fischfond und Milch aufkochen. Butter in einem Topf schmelzen, Mehl einrühren und unter ständigem Rühren mit einem Schneebesen Fischfond-Milch zugießen. Zu einer dicken Béchamelsauce einkochen, mit Zitronenzesten, Muskatnuss, Salz und Pfeffer abschmecken. Abkühlen lassen.

Fischfilets in 2 cm große Stücke schneiden. Karotten waschen, schälen und in Scheiben schneiden, Rote Rüben würfeln, Zwiebeln schälen und in grobe Stücke schneiden. Öl in einer Pfanne erhitzen. Gemüse rundherum anbraten, Fischstücke zugeben und mit Weißwein ablöschen, abschmecken und Gemüse bissfest garen. Kurz überkühlen lassen.

Backofen auf 180°C Heißluft vorheizen. Die Tortenform mit Backpapier auslegen. Den Teig auf einer bemehlten Arbeitsfläche mit dem Nudelholz 3 mm dick ausrollen. Zwei Kreise ausschneiden, die etwas größer sein sollen als die Tortenform. Eine Teigplatte als Boden in die Tortenform legen, Ränder hochziehen und mit einer Gabel mehrmals einstechen. Anschließend mit Backpapier bedecken, Backbohnen darauf verteilen und den Boden ca. 15 Minuten blind vorbacken.

Fisch-Gemüse-Mischung mit der Béchamelsauce und der gehackten Petersilie vermengen. Auf dem vorgebackenen Tortenboden verteilen. Anschließend die zweite Teigplatte als Deckel über die Fülle legen. Ebenfalls mehrmals einstechen und mit verquirltem Ei bestreichen. Mit dem übrigen Teig kann man kleine Kekse ausstechen, die man als Verzierung auf den Deckel des Pies legt. Ebenfalls mit Ei bestreichen.

Knusprig fertig backen. Vor dem Anschneiden und Servieren den Pie etwas rasten lassen.

Zubereitungszeit
ca. 40 Minuten

Blindbacken
ca. 15 Minuten

Backzeit
ca. 40–50 Minuten

Rastzeit Teig
mindestens 1 Stunde

Tipp *Statt eines großen Pies kann man dieses Rezept auch in mehreren kleinen Portionen zubereiten. Die Menge reicht für 4 Förmchen mit einem Durchmesser von 12 cm. Sowohl den Teig als auch die Béchamelsauce kann man bereits am Vortag zubereiten. Großartig schmecken auch Erbsen in der Fülle.*

Gebratene Zanderfilets

mit Erbsenpüree

650 g *Zanderfilets, mit Haut*
Paniermehl zum Wenden
1 *kleine Zwiebel*
1 EL *Butter*
600 g *Erbsen*
250 ml *Sahne*

Zesten und Saft von **1** *Orange*
Muskatnuss, frisch gerieben
Salz, Pfeffer
½ *Bund Minze*
2 EL *Butter zum Braten*
Chilinudeln (▸Rezept im Tipp)

Fischarten
Forelle, Saibling,
Schleie, Wels, Zander

Fischfilets in Portionen teilen, salzen, pfeffern und in Paniermehl wenden.

Zwiebel schälen und fein hacken. Butter zerlassen, Zwiebel glasig dünsten, Erbsen dazugeben und mit Sahne aufgießen. Mit Orangensaft und -zesten sowie Muskatnuss, Salz und Pfeffer würzen und die Erbsen weich kochen lassen.

Anschließend fein pürieren und noch einmal abschmecken. Gehackte Minze kurz vor dem Anrichten unter das Püree rühren.

Fisch in einer Pfanne mit Butter auf der Hautseite anbraten, wenden und dann fertig kross braten.

Mit Nudeln und Erbsenpüree anrichten.

Zubereitungszeit
ca. 30 Minuten

Bratzeit
ca. 3 Minuten
auf der Hautseite

ca. 2 Minuten
auf der anderen Seite

Tipp

Das Wenden des Fischs in Paniermehl wird von unserer Großmuttergeneration auch als „Armeleutepanade" bezeichnet. Anspruchsvolle Köche und Köchinnen mischen Paniermehl und Mehl 1:1 und erzielen damit wunderbar kross gebratene Fische.

Als Beilage empfehlen wir Chilinudeln. 250 g Chilinudeln in reichlich Salzwasser bissfest kochen. Abseihen, mit lauwarmem Wasser abspülen und mit etwas Olivenöl oder Chiliöl (je nach Schärfegrad der Nudeln oder Vorliebe der Esser) vermengen.

Die Nudeln kann man natürlich auch selber machen. Aus 200 g Mehl, 3 Eiern, Olivenöl, Chilipulver und Paprikapulver einen geschmeidigen Teig kneten. Mit der Nudelmaschine ausrollen und Spaghetti oder Tagliatelle schneiden.

Das Erbsenpüree passt auch gut zu Fish & Chips (▸Rezept Seite 127).

Gebratenes Welsfilet

auf Linsen-Bohnen-Ragout

2 mittlere Zwiebeln
2 Knoblauchzehen
2 Karotten
1 rote Paprika
½ Zucchini
2 EL Öl
350 g gekochte Linsen
250 g gekochte Bohnen
(Sorte ganz nach Belieben)
70 ml Weißwein
125 ml Gemüsefond

1 Lorbeerblatt
3 Wacholderbeeren, angedrückt
125 g saure Sahne
1 EL Mehl zum Binden
1 Schuss Essig
600 g Welsfilet
Zitronensaft von ½ Zitrone
Mehl zum Wenden
2 EL Butter zum Braten
Salz
Pfeffer

Zwiebel und Knoblauch schälen und fein hacken. Karotten ebenfalls schälen, gemeinsam mit der entkernten Paprika und der Zucchini in kleine Würfel schneiden. Gemüse in Öl in einem Topf anbraten. Linsen und Bohnen dazugeben, mit Wein ablöschen.

Anschließend mit dem Gemüsefond aufgießen und alles zugedeckt mit dem Lorbeerblatt und den Wacholderbeeren weich kochen. Eventuell noch etwas Wasser oder Gemüsefond zugießen.

Saure Sahne und Mehl mit dem Schneebesen glatt rühren und mit ebendiesem in das Linsenragout einrühren. Gut mit den Gewürzen und dem Essig abschmecken.

Wels in vier Portionen teilen, salzen, pfeffern und mit dem Zitronensaft säuern. Anschließend in Mehl wenden und in Butter herausbraten. Kenner und Könner lassen einen glasigen Kern in der Mitte!

Gebratenen Wels auf dem Linsen-Bohnen-Ragout anrichten und einen guten Weißwein dazu trinken.

Zubereitungszeit
ca. 35 Minuten

Garzeit
Linsen-Bohnen-Ragout
ca. 15 Minuten

Welsfilets
ca. 5 Minuten

Tipp   Am besten eignet sich zum Kochen immer jener Wein, den man auch zum Trinken verwendet.

Gemischtes Fisch-Schaschlik

mit Gurkenjoghurt

900 g gemischte Fischfilets
1 rote Paprika
1 Zucchini
1 gelbe Zwiebel
1 Zuckermaiskolben
250 g Joghurtfrischkäse
[▸Rezept im Tipp S. 55]
oder griechisches Joghurt
2 Feldgurken

1 Knoblauchzehe
½ Bund frische Minze
½ Bund frischer Dill
1 TL Kardamom, gemahlen
Salz, Pfeffer

Spieße:
Öl zum Anbraten
Thymian- oder Rosmarinzweige

Filets trocken tupfen, Gemüse waschen und alles in mundgerechte Stücke bzw. Scheiben schneiden. Abwechselnd und nach Lust und Laune auf Spieße stecken. Zugedeckt im Kühlschrank aufbewahren. Gurken waschen, der Länge nach halbieren, entkernen und grob in ein sauberes Geschirrtuch oder Sieb reiben. Anschließend kräftig ausdrücken. Knoblauch schälen und mit den Kräutern fein hacken. Gurken, Knoblauch-Kräuter-Mischung und Joghurt miteinander verrühren und abschmecken.

Öl in einer Pfanne erhitzen und Spieße rundherum anbraten. Für zusätzliches Aroma die Kräuterzweige ebenfalls in die Pfanne legen. Fisch-Schaschlik mit Gurkenjoghurt und frischem Fladenbrot servieren.

Zubereitungszeit
ca. **35 Minuten**

Abtropfzeit für selbst gemachten Joghurtfrischkäse: mindestens **2 Stunden** [je länger, desto besser]

Tipp Wer viel Rosmarin zur Verfügung hat, kann anstelle der Spieße auch stärkere Rosmarinzweige verwenden. Bereitet man die Spieße am Grill zu, verwendet man am besten eine Grilltasse. Bei diesem Gericht ist jegliche Variation erlaubt. Fisch- und Gemüsesorten könnt ihr je nach Lust und Laune und saisonalem Angebot kombinieren.

Frisches Fladenbrot

500 g Weizenmehl
¼ Würfel frische Hefe
1 Prise Zucker

1 TL Salz
250 ml Wasser
2 EL Joghurt

ein wenig Joghurt und Wasser zum Bestreichen aufheben

Alle Zutaten zu einem glatten und geschmeidigen Teig verkneten und über Nacht zugedeckt im Kühlschrank gehen lassen. Aus dem Kühlschrank nehmen und zu 8 Kugeln formen. Diese auf einem bemehlten Brett zugedeckt nochmals gehen lassen. Währenddessen den Backofen auf 200°C Heißluft vorheizen. Die Kugeln flach auseinanderdrücken und auf ein mit Backpapier ausgelegtes Backblech legen. Mit einer Joghurt-Wasser-Mischung bestreichen und mit Schwarzkümmel bestreut backen, bis die Fladen leicht gebräunt sind.

Zubereitungszeit
ca. **10 Minuten**
[ohne Gehzeit]

Backzeit
ca. **10 Minuten**

Tipp Wir setzen den Teig schon am Vortag an und lassen ihn über Nacht im Kühlschrank gehen, das sorgt für einen volleren Geschmack. Wenn das nicht möglich ist, könnt ihr die Fladenbrote auch einfach ohne Nachtruhe zubereiten.

„Maurerforelle"

Dieses Rezept ist eine Hommage an das Fischgasthaus von Markus Mosers Eltern. Dort stand die Maurerforelle immer auf der Speisekarte als Alternative zu den Fischgerichten. Ein beliebter Vormittagssnack der hungrigen Berufsfischer vom Traunsee.

4 Brühwürste
1 rote und 1 gelbe Zwiebel
Salz
Pfeffer

Die Würste enthäuten und der Länge nach einschneiden, aber nicht durchschneiden. Zwiebeln schälen, in feine Ringe schneiden, würzen und in die Schnittstelle legen. Servieren.

Zubereitungszeit:
ca. 5 Minuten

Variation   *Essiggurken, Chili, Paprikapulver, Käse, Petersilie und Koriander*

 Manchmal halb so wild *Fisch aus Wildfang gilt grundsätzlich als hochwertigste Qualität beim Fischkauf. Aber auch bei Wildfang handelt es sich nicht immer um Fische, die sich ohne menschliches Zutun, in freier Natur – also artgerecht – entwickelt haben. So kann es durchaus sein, dass eine frisch gefangene Forelle aus einem romantischen Bächlein noch einige Tage vorher als Besatzfisch in einem kleinen Betonbecken ihr Dasein gefristet hat. Um auf Nummer sicher zu gehen, kauft ihr am besten beim Fischer oder Fischzüchter eures Vertrauens, der gerne über seine Fang- oder Produktionsbedingungen Auskunft gibt.*

Wie die Seeforelle gerettet wurde

Zartrosa, festes Fleisch, nussig im Geschmack – die Kärntner Seeforelle ist ein ausgezeichneter Speisefisch und ein großer noch dazu. Früher wurden Exemplare mit 120 cm Länge und bis zu 20 kg Gewicht gefangen. Während im 14. Jahrhundert sogar der Kaiserliche Hof in Wien nach Seeforellen aus Kärnten verlangte, geriet diese als „Låxn" bekannte heimische Delikatesse im Laufe der Zeit in Vergessenheit. Hauptursache dafür war, dass der Bestand durch Umweltverschmutzung, Überfischung, aber auch durch den Besatz der Seen mit anderen Fischarten dezimiert wurde und die Seeforelle dem Aussterben schon nahe war. So waren etwa im Weißensee ursprünglich nur 9 Fischarten vorhanden, heute sind es 24.

Fischereibetrieb Payr
Dipl. Ing. Markus Payr
Neualbeck 10
9571 Albeck
Tel. 0043 664/7935452
payr@fischspezialist.at
www.fischspezialist.at

Familie Truskaller
vulgo Kronegg
9854 Malta 71
Tel. 0043 4733/748
Mobil: 0043 676/40 42 531
Mobil: 0043 676/68 21 820
info@feinstesvommaltataler.at
www.feinstesvommaltataler.at

Kärnten Fisch
Fischzucht Feld am See
Millstätterstraße 77
9544 Feld am See
Tel. 0043 4246/2345
Fax. 0043 4246/2345 25
office@kaerntenfisch.at
www.kaerntenfisch.at

Seit einigen Jahren versucht man mit großem Aufwand, den natürlichen Fischbestand sowie die Seeforellenpopulation durch Züchtung in naturnahen Teichen wieder ins richtige Verhältnis zu bringen. Einige Fischzuchtbetriebe haben damit begonnen, den in früheren Zeiten bestimmenden Speisefisch wieder zu züchten und bei Konsumenten und in der Gastronomie als regionale Spezialität ins Bewusstsein zu rufen. Dem Verein „GenussRegion Kärntna Låxn" ist es zu verdanken, dass dieses Ziel auch erfolgreich umgesetzt wurde.

Im Jahr 2005 wurden 5 Tonnen „Kärntna Låxn" produziert, 2007 waren es schon 9 Tonnen, Tendenz steigend. Sie werden als küchenfertige Fische, als Filets, mariniert oder auch als Räucherfisch angeboten. Einer der drei Fischzüchter, die dieses Erfolgsprojekt ins Leben gerufen haben, ist Markus Payr. Am Wasser aufgewachsen, war Markus schon immer klar, dass er diesem Element auch beruflich treu bleiben möchte. Nach seinem Studium an der BOKU in Wien übernahm er die Fischzucht Hammer und baute diese sukzessive zu einem Vorzeigebetrieb aus.

Dabei wurde er ein Meister des Beobachtens und Verstehens seiner schuppigen Schützlinge: „Fisch ist ein sensibles Lebewesen. Die Arbeit eines guten Fischzüchters ist es, am Verhalten der Fische ihr Wohlbefinden zu erkennen. Fische können uns nicht erzählen, wie es ihnen geht, somit ist die regelmäßige Beobachtung und Dokumentation ihres Verhaltens und etwaiger Veränderungen extrem wichtig. Zu spätes Reagieren kann zum Tod von Tausenden Fischen führen und auch die Existenz des Betriebes gefährden."

Neben seinem Hauptberuf als Fischzüchter betreibt Markus Payr auch ein Ingenieurbüro für Fischereiberatung. Die Aquakultur ist eine aufsteigende Branche und viele angehende Fischzüchter schätzen das Know-how eines Profis, der die Lanze für heimischen Süßwasserfisch bricht und ihm eine große Zukunft voraussagt: „Bei den Mengen und der Qualität unseres Wassers könnte der alpine Raum ein wichtiger Faktor in der Aquakulturbranche werden. Jedes Kilogramm weniger von bedenklich produziertem oder gefangenem Importfisch schont unsere Ressourcen weltweit und hält die Wertschöpfung in der Region", bringt es Markus Payr überzeugend auf den Punkt.

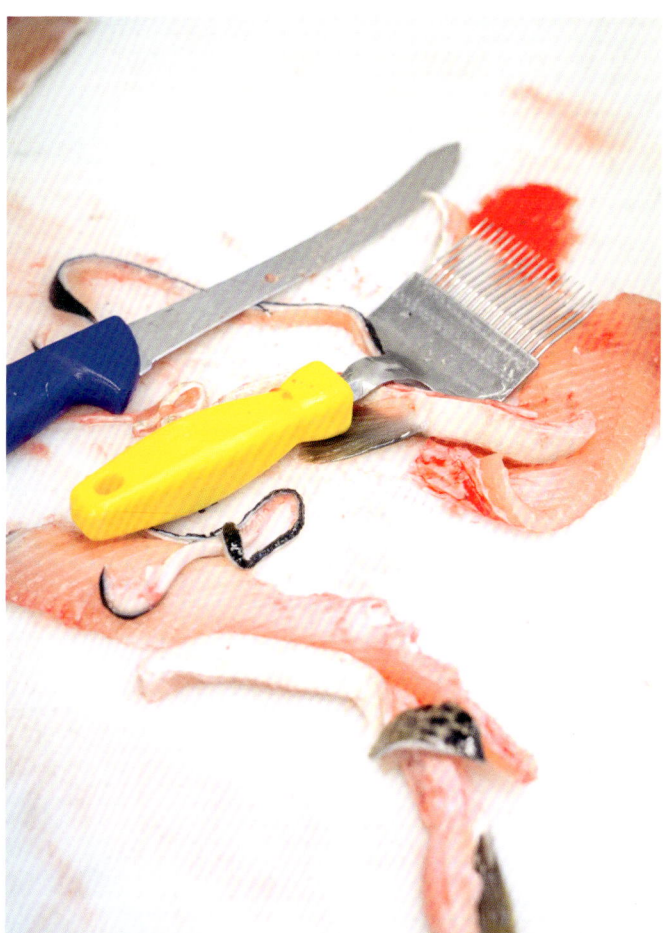

Fischinnereien

Eine vergessene Delikatesse

Ab Juli und August fangen die meisten Salmoniden an, Rogen und Milch zu bilden. Wenn man diese sorgfältig beim Ausnehmen der Fische entfernt, bieten sie die Grundlage für eines der feinsten und köstlichsten Innereiengerichte, die es unserer Meinung nach gibt. Dazu ein gutes gebuttertes Bauernbrot und vielleicht ein paar frische Kräuter nach Gusto – einfach wow!

Fischinnereien
wie Leber, Herz, Fischmilch und Fischrogen

Butter
Salz
Pfeffer

Butter in einer Pfanne erhitzen und grob zerkleinerte Fischinnereien braten.

Mit Salz und Pfeffer abschmecken.

Zubereitungszeit
ca. **5 Minuten**

Klarer Fischfond

Ergibt ca. 3 l Fischfond

2 EL Öl
1 kg Fischabschnitte und Fischkarkassen
1 Schuss trockener Weißwein
ca. 3 l kaltes Wasser
500 g Wurzelgemüse
(Lauch, Karotten, Knollensellerie, Pastinaken)

2 Schalotten, mit Schale
3 Knoblauchzehen
2 Thymianzweige
2–3 Lorbeerblätter
je 3–4 Wacholderbeeren, Piment, Pfefferkörner, leicht angedrückt

[Foto 1]

Öl in einem großen Topf erhitzen. Fischkarkassen einlegen und hell anrösten *[Foto 2]*.

Mit Wein ablöschen, mit kaltem Wasser aufgießen und aufkochen lassen. Temperatur zurückschalten. Den sich bildenden Schaum mit einem Schaumlöffel abschöpfen *[Foto 3]*.

Wurzelgemüse waschen, schälen und in 0,5 cm große Würfel bzw. Scheiben schneiden. Die Schalotten halbieren, die Schnittflächen in einer Pfanne ohne Fett dunkel rösten. Knoblauch schälen und in Scheiben schneiden.

Wurzelgemüse, Knoblauch und übrige Zutaten dazugeben und den Fond ziehen lassen. Abseihen und nach Bedarf weiterverwenden *[Foto 4]*.

Zubereitungszeit
ca. 15 Minuten

Ziehzeit
20–30 Minuten

Tipp *Fischfond lässt sich gut auf Vorrat kochen und einfrieren. Im Kühlschrank hält er sich 4–5 Tage.*

Um einen klaren Fischfond für klare Suppen zu erhalten, sollte man das Abschöpfen des Schaumes besonders beachten. Der sogenannte Schaum ist das geronnene Eiweiß aus den Fischabschnitten. Wenn der Fond zu stark gekocht wird, verteilen sich die Trüb- und Schwebstoffe in der Flüssigkeit und der Fond wird nicht klar.

Fischfond lässt sich nicht nur für Suppen verwenden, sondern auch für warme Saucen und Risottos.

Fischschule

Einkauf

Das Gelingen eines guten Fischgerichts hängt in erster Linie vom Einkauf ab. Idealerweise kennt ihr den Fischer oder Fischzüchter persönlich. Löchert ihn mit Fragen! Lernt seine Philosophie kennen!

Wichtig ist die Einhaltung der Kühlkette. Der Fisch sollte auf Eis liegen, vor allem in den Sommermonaten. Am Markt sollte der Fisch **tagesfrisch** und erst **in den frühen Morgenstunden geschlachtet** worden sein. Das gibt euch mindestens drei Tage Zeit, um den Fisch ohne großen Qualitätsverlust zuzubereiten. **Verlasst euch auf euer Gefühl und auch den Gesamteindruck, der euch vermittelt wird.**

Die wichtigsten Frischemerkmale sind:

- Frischer Fisch ist **geruchlos**.
- Die **Augen sind klar** und **leicht nach außen gewölbt**.
- Die **Kiemen sind rötlich gefärbt**.
- Die **Haut ist glänzend, fest**, die **Schuppen und Flossen sind weitestgehend unbeschädigt**.

Ein untrügliches **Zeichen von Frische** und gelebtem Handwerk ist auch die Möglichkeit, beim Händler oder Fischer eures Vertrauens **frische Fischinnereien** zu erstehen. Fragt nach Leber, Rogen und Milch!

Die allseits bekannte **Daumenprobe** ist gut, kann aber die mühsam aufgebaute Beziehung zum Fischhändler deutlich trüben. Solltet ihr die Daumenprobe nicht kennen: Viele Fischhändler haben die Erfahrung gemacht, dass Kunden mit dem Daumen am Fisch herumdrücken, um festzustellen, ob die Haut und die Schuppen fest am Fisch sitzen. Das ist zwar nett, aber freut keinen Fischhändler. Stellt euch nur vor, das würde ein jeder machen. Wollt ihr diesen Fisch dann noch kaufen?

Tipp *Auch in unseren Breiten ist Handeln erlaubt. Neigt sich der Markt dem Ende zu, sind die Chancen, einen günstigeren Preis auszuhandeln, am größten!*

Für den Heimtransport bietet es sich an, den Verkäufer um **etwas Eis** zu bitten, um die **Kühlkette nicht zu unterbrechen**. Richtige Einkaufsprofis sind mit **Kühlakkus und Kühltasche** ausgestattet.

Prinzipiell gilt für die Lagerung: **je kälter, desto besser**. Frischfisch sollte im besten Fall bei **0°C gelagert** und **innerhalb von drei Tagen** ab Einkauf verwendet werden. Fische sollten **vor dem Austrocknen geschützt** werden. Probiert es mit ein, zwei Blättern befeuchteter Küchenrolle.

Transport und Lagerung

Prinzipiell ist es gut, die Fische **vor der Zubereitung zu waschen**. Jeder Fischzüchter oder Fischer reinigt die Fische meistens nach dem Ausnehmen unter fließendem Wasser, dennoch können durch Transport und das Treiben am Markt Schmutzpartikel auf den Fisch gelangen.

Möchte man den Fisch allerdings „blau" kochen, sollte man **das Waschen tunlichst vermeiden**. Die Schleimschicht ist ausschlaggebend für die Blaufärbung des Fisches und würde durch das Waschen zerstört.

Das Waschen selber funktioniert folgendermaßen: Fisch unter kaltem fließendem Wasser gründlich innen und außen abspülen. Anschließend trocken tupfen.

Waschen oder nicht?

Wenn einfrieren, dann **immer frische Ware einfrieren**. Wenn ihr nur die Filets einfrieren wollt, dann Fische immer **sofort filetieren** [▸Anleitung Seite 167] und die **Karkassen zu Fischfond** verarbeiten [▸Rezept Seite 161]. Oder ebenfalls einfrieren.

Aus praktischen Gründen empfehlen wir euch, **frische Filets einzeln einzufrieren**. Das könnt ihr so bewerkstelligen, indem ihr ein Schneidebrett mit Frischhaltefolie umwickelt und die einzelnen Filets nebeneinander darauflegt. Wollt ihr mehrere Lagen Filets einfrieren, jede Lage mit einer Schicht Frischhaltefolie abdecken. Im Tiefkühler dann auf jeden Fall anfrieren (oder gleich durchfrieren) lassen, bevor ihr sie in einen Gefrierbeutel oder ein anderes tiefkühltaugliches Gefäß gebt. So könnt ihr immer genau die Anzahl an Filets herausnehmen, die ihr gerade braucht. Sollte der Fisch schon **drei Tage Lagerzeit im Kühlschrank** hinter sich haben, ist **eine Verarbeitung**, zum Beispiel zu einer Fischsuppe [▸Rezepte Seite 57–65], **ratsamer**.

Einfrieren

Entschuppen

*Schuppenfische wie Karpfen, Hecht, Reinanken bzw. Riedlinge, Rotauge, Rotfeder usw. haben **sehr feste, ungenießbare Schuppen**, die vor dem Verzehr mit einem Messer entfernt werden müssen. Dazu die Schuppen mit einem Messer **entgegen der Schuppenrichtung** von der Schwanzflosse zum Kopf hin abschaben **(siehe Fotos)**. Das Filetieren funktioniert dann gleich wie bei allen anderen Fischen.*

Tipp   *Wenn ihr das unter Wasser oder unter fließendem Wasser macht, bleibt die Küche sauber.*

(1) Vorbereitung

Gesäuberte Fische (hier zu sehen: Rotfeder und Rotauge) vor sich auf das Schneidebrett legen.

(2) Entschuppen

Je nach der Größe des Fisches die Größe des Messers wählen. Nun mit der Messerklinge mehrmals kräftig über den ganzen Fisch streichen, bis die Schuppen vollständig heruntergelöst sind.

Ausnehmen

Das Ausnehmen der Fische ist **keine komplizierte Wissenschaft**. Den entschuppten Fisch **beim Afterende beginnend bauchseitig zum Kopf** hin vorsichtig und **nicht zu tief aufschneiden**.

Die **Speiseröhre bei den Kiemen durchtrennen** und die Innereien herausziehen. Leber, Milch oder Rogen zum späteren Verzehr beiseite geben. Sollte die Gallenblase aufplatzen, hilft gründliches Spülen.

Die **Nieren** mit dem Daumen oder einem Löffel an der Unterseite der Wirbelsäule **gründlich auskratzen**.

Den Fisch je nach Weiterverwendung trocken tupfen.

Das Filetieren von Forelle, Saibling, Zander und Co., den sogenannten Rundfischen, ist eine reine Übungssache. Je öfter man es macht, desto schneller, sauberer und geübter wird man.

Voraussetzung ist ein wirklich scharfes Messer. Es gibt sogenannte Filetiermesser, diese haben eine bewegliche Klinge. Sie sind sehr praktisch, eine Anschaffung kann man sich überlegen, wenn man wirklich oft Fisch zubereitet. Ansonsten tut es jedes lange, scharfe Küchenmesser. Um die übrigen Gräten aus dem Fischfleisch zu entfernen, kann man sich eine Fischpinzette zulegen. Wer eine normale Handpinzette hat, kann natürlich auch damit arbeiten.

[1] Vorbereitung

Fisch wie bereits beschrieben waschen und trocken tupfen. Vor sich auf ein Schneidebrett legen. Je nachdem ob man Links- oder Rechtshänder ist, den Kopf nach links oder rechts legen.

[2] Einschnitt

Nun das Fischmesser direkt hinter den Kiemen ansetzen und in das Fischfleisch schneiden, so tief, bis man auf den Widerstand des Rückgrats trifft. Die vordere Flosse über die Schneide legen, damit man sie nicht abschneidet.

[3] Das Filet lösen

Um schöne Filets schneiden zu können und damit relativ wenig Fleisch am Knochengerüst des Fisches bleibt, nun das Messer schräg legen. Mit schräggestellter Schneide entlang des Rückgrats Filet herausschneiden. Achtung auf die hintere Bauchflosse und die eigenen Finger! Je frischer der Fisch ist, desto glitschiger ist er und droht vom Schneidebrett zu rutschen. Am besten mit der freien Hand den Kopf festhalten oder mit leichtem Druck auf das Schneidebrett drücken. Idealerweise hört man das Knackgeräusch, während man entlang des Rückgrats fährt.

[4] Entgräten

Um das Filet noch optimal vorzubereiten, schneidet man den fettigen Bauchlappen sowie die Bauchgräten leicht angeschrägt weg. Fährt man mit dem Finger gegen den Strich an der dicksten Stelle des Filets entlang, spürt man noch einige Gräten herausstechen. Diese werden mit der Pinzette entfernt. Nun ist das Filet bereit für weitere Zubereitungsschritte.

Rundfische im Ganzen entgräten

*Einen Fisch **im Ganzen**, quasi von oben, zu **entgräten**, bedarf einiger Übung. Die Mühe und der Aufwand lohnen sich aber, da der Fisch **wunderbar gefüllt werden kann** und das Essvergnügen ungetrübt bleibt. Das **Messer** sollte auf alle Fälle schön **scharf** sein und **die Klinge nicht zu breit**.*

(1) Vorbereitung

Gesäuberten Fisch vor sich auf ein Schneidebrett legen.

(2) Einschnitt

Mit dem Messer auf beiden Seiten entlang des Rückgrats einschneiden.

(3) Rückgrat entfernen

An den Innenseiten des Fisches arbeitet man sich nun bis zum Bauch und an den Bauchgräten entlang. Vorsichtig, damit sich das Fleisch vom Rückgrat gut löst und nicht zu hohe Verluste zu verbuchen sind. Rückgrat am Kopf- bzw. Schwanzende herausschneiden. Das kann man auch mit Hilfe einer Schere machen.

Enthäuten

Prinzipiell kann man jeden **Fisch mit Haut zubereiten**. Ob man sie dann mitisst oder nicht, ist persönlicher Geschmack. Schön kross gebraten ist es eine echte Freude, sie zu genießen. **Wie das Enthäuten funktioniert, wird beim Rezept zum Gebeizten Fisch (▸Seite 27) genauer erklärt**.

Das **Filetieren von grätenreichen Weißfischen** wie Karpfen, Schleie und Co. funktioniert gleich **wie bei den Rundfischen** und ist mit der richtigen Übung ein Kinderspiel. **Je nach Größe** braucht man wahrscheinlich **mal ein längeres, mal ein kürzeres Messer.**

Das Schröpfen der Filets ist nicht unwichtig, da diese Art von Fischen sogenannte **Y-Gräten** haben, die sich **nicht mittels einer Pinzette entfernen lassen.** Durch das mehrmalige Einschneiden des Filets werden diese **Gräten durchtrennt,** sodass sie sich beim Braten, Backen, Kochen oder Pochieren **durch die Hitze gänzlich auflösen.** Somit steht dem Essvergnügen eigentlich nichts mehr im Weg.

Schröpfen von Weißfischen

[1] Vorbereitung

Entschupptes, sauberes Fischfilet auf ein Schneidebrett legen.

[2] Schneiden

Filet vorsichtig auf der Fleischseite im Abstand von 3–4 mm mehrmals quer einschneiden, aber nicht durchschneiden.

[3] Fertig!

So sieht ein perfekt geschröpftes Karpfenfilet aus. Nun steht einem grätenfreien Genuss nichts mehr im Weg.

Flusskrebse kochen und aufbrechen

Wie bereits auf **Seite 19** beschrieben, hat das Essen von Flusskrebsen mittlerweile **großen Seltenheitswert** und auch **die Zubereitung und das richtige Aufbrechen** ist dadurch fast in Vergessenheit geraten.

Flusskrebse zu kochen, ist eine äußerst **spannende, verantwortungsvolle und zeitintensive Angelegenheit**. Zum einen braucht man eine sehr **große Menge an Flusskrebsen**, da man im Grunde nur die Schwänzchen und Scheren isst. **Für eine Person** sollte man daher mit **12–15 Krebsen mit einem Gewicht von ca. 150 g** rechnen. Am besten verwendet man eine Zange, um die Krebse in das kochende Wasser zu geben. **Sie können äußerst kräftig zwicken und euch verletzen!**

An und für sich ist es keine Hexerei, mit ein wenig Übung bekommt man das auch ganz leicht hin. Je nachdem, ob man die Flusskrebse in freier Wildbahn gefangen hat oder von einem Züchter hat, ist der Darm noch gefüllt. **Für ein ungetrübtes Essvergnügen lohnt es sich, den „schwarzen" Darm zu entfernen.**

Um sich Arbeit und Mühen zu ersparen, möchten wir nur darauf hinweisen, dass sich das Aufbrechen der Scheren bei sehr kleinen Exemplaren nicht lohnt und so auch Stichverletzungen vermieden werden können.

[1] Kochen

Flusskrebse vor dem Aufbrechen kochen (▸Rezept Seite 141). Sie färben sich beim Kochen rot.

[2] Aufbrechen

Beginnend mit dem Schwänzchen: dieses durch eine Drehbewegung vom restlichen Körper abtrennen. Mit Hilfe einer kleinen Gabel auf der Unterseite zwischen Schale und Krebsfleisch fahren. Durch eine ruckartige Bewegung nach oben hat man den unteren Teil des Panzers aufgebrochen und kann das fleischige Schwänzchen herausziehen. Sollten noch Innereien am Fleisch hängen, diese einfach abschneiden. Sollte der Darm im Schwanz gefüllt sein: an der Oberseite des Schwanzes mit einem kleinen Messer einritzen und den Darm herausziehen.

Die Scheren: den beweglichen Teil der Scheren vom Körper abdrehen. Den kleinen Teil der Schere dazu verwenden, den großen Panzer aufzubrechen, oder mittels Fingerdruck den Panzer knacken, um das restliche Krebsfleisch herauszulösen.

Jeder ist schon einmal vor dem Problem gestanden, einen ganzen gebratenen Fisch am Teller vor sich liegen zu haben und nicht zu wissen, wie er nun von möglichst vielen lästigen Gräten befreit und appetitlich filetiert werden soll.

Es ist eigentlich ganz einfach und mit ein wenig Übung bekommt man das leicht hin. Wir stellen euch hier zwei Methoden vor, probiert beide und entscheidet selber, welche für euch am besten passt!

Filetieren von gegartem Fisch

Methode 1

Der Fisch liegt fertig gebraten vor euch am Teller. Ihr schneidet mit eurem Tafelmesser am Rückgrat bis zur Schwanzflosse entlang sowie direkt hinter dem Kopf, um das Filet zu lösen. Mit einer Gabel könnt ihr nun die Rückenflosse herausnehmen. Das Filet schiebt ihr nun mit dem Messer von den Gräten nach unten und dreht es eventuell um (das empfehlen wir allerdings nicht bei knusprig gebratenen Fischen!). Dann könnt ihr noch die Bauchgräten entfernen.

Mit Hilfe einer Gabel trennt ihr nun das untere Filet am Schwanzende von den Gräten, hebt die Gräten mit einem Ruck an und zieht sie vom Schwanzende zum Kopf vom unteren Filet. Nun noch die Bauchgräten entfernen sowie aus dem Kopf die Bäckchen (eine wahre Delikatesse) lösen und schon könnt ihr grätenfrei genießen.

Methode 2

Diese verläuft ganz ähnlich, allerdings arbeitet man nicht vom Rückgrat, sondern von der Körpermitte aus und schiebt die Filets nach oben bzw. nach unten.

Allgemeine Hinweise

 Unter diesem Symbol findet ihr interessante Fischfacts rund um den Fisch und seine Zucht.

Bei den angegebenen Mengen handelt es sich um Rezepte für 4 Personen.

Als Faustregel kann man sich merken:
Fischfilets pro Person ca. 150 g, ganze Fische pro Person 250 g.

Wenn nicht anders angegeben, backen wir immer mit Heißluft.

Natürlich ist es immer am besten, mit frischen Fischen zu arbeiten. Die meisten Rezepte kann man aber auch mit tiefgekühltem Fisch zubereiten.

Bei Zitrusfrüchten verwenden wir stets Früchte mit unbehandelter Schale.
Am besten immer zu Bio-Früchten greifen!

Wir möchten auch noch darauf hinweisen, dass die in den Rezepten angegebenen Mengen nicht dogmatisch zu sehen sind. Am besten, man verlässt sich auf sein Gefühl und seinen Hunger beim Kochen. Sowie darauf, wie starke oder schwache Esser man bekocht.

Aus Gründen der leichteren Lesbarkeit haben wir auf eine geschlechterspezifische Differenzierung verzichtet.

Über die Autoren

Angela Hirmann

Geboren 1985. Als gelernte Köchin, Ernährungspädagogin und Gastrosophin kocht sie für ihr Leben gern und ist davon überzeugt, dass sie ihre Kreativität nur so ausleben kann. Der Blick auf ein Aquarium und somit Fische hatte schon immer etwas Beruhigendes und Faszinierendes für sie.

Markus Moser

Geboren 1968, Bio-Fischzüchter, Gastrosoph und ehemaliger Cafetier. Als Sohn eines Berufsfischers ist er im elterlichen Fischlokal aufgewachsen. Seit seiner Kindheit ist er mit dem Element Wasser und dessen Lebewesen eng verbunden.

Danke ohne Reihenfolge

Wir möchten uns bei Regula Bösch und Familie, Thomas und Florian Lex samt Familie, Marc Mößmer, Markus Payr, Cornelia und Michi Wesonig, Heinrich Holler, Waltraud und Georg Moser und Gottfried Anderwald aufrichtig für die lehrreichen, spannenden und interessanten Stunden, die wir mit euch verbringen durften, bedanken.

Wir hatten eine wunderschöne Zeit und freuen uns, euch kennengelernt zu haben. Petri Dank!

Danke auch an Ernst, Wolfgang und Philipp Dera für die einzigartigen Eindrücke, die ihr festgehalten habt.

Lieber Philipp Wagner, danke für die grafische Gestaltung des Buches.

Vielen Dank auch an die Firma Klammerth und Gabi Hofer für die Bereitstellung des verwendeten Geschirrs.

Monika: Danke für deine tatkräftige Unterstützung in jeglicher Hinsicht.
Es tut gut, dich zu kennen und zu haben.

Liebe Veronika, liebe Lisa: tausend Dank für eure Motivation, die unzähligen hilfreichen Inputs und euren Humor.

Besten Dank an Gerhard und Theresa für die Einführung in die Welt der Flusskrebse.

Besonderer Dank an Andre Grodde, der die ersten Jahre eine ganz besondere Stütze war.

Danke natürlich unseren Familien und Freunden.

Zum Schluss auch noch ein großes Dankeschön an das gastrosophische Institut in Salzburg. Ohne das hätten wir uns nie gefunden.

Glossar

Aprikosen	Marillen
Blanchieren	Gemüse in Salzwasser bissfest kochen
Blind backen	Teig ohne Belag, meist mit Hülsenfrüchten als Gewicht, vorbacken
Cider	englische Bezeichnung für Apfelschaumwein
Fettflosse	zusätzliche Flosse zwischen Rücken- und Schwanzflosse
Fischmilch	Fischsamen
Fond	geschmacksgebende Brühe
Gröstl	traditionelles österreichisches Pfannengericht aus gebratenen Kartoffeln, Zwiebeln und Rindfleisch
Karkassen	Fischgräten und Abschnitte, die beim Filetieren ganzer Fische anfallen. Grundzutat für den Fischfond
küchenfertig	bereit für die weitere Zubereitung (entschuppt, ausgenommen etc.)
Küchenrolle	Einweg-Küchentuch
Kugel	mageres Fleisch aus der Keule, Bezeichnung in Deutschland für Teilstück von Kalb, Rind oder Schwein (Österreich: Nuss)
Milchner	männlicher, geschlechtsreifer Fisch
Paniermehl	Semmelbrösel aus altbackenen Semmeln, entrindetem Weißbrot oder Brioche
Pochieren	unter dem Siedepunkt gar ziehen
Profiteroles	Brandteigkrapfen
Quark	Topfen
Rogen	Fischeier
Rosa Beeren	die reifen Beeren des Pfefferbaumes. Die Rosa Beeren sind kein Pfeffer, allerdings in jeder bunten Pfeffermischung zu finden.
Rote Rübe	Rote Bete, Rohnen
Rundfisch	Fische, die im Querschnitt eine runde Körperform haben und zwei Filets besitzen. Z.B. Forelle, Saibling, Lachs, Thunfisch, Wolfsbarsch etc.
Salmoniden	bezeichnet alle Arten der Lachs- bzw. Forellenfische
Saure Sahne	Sauerrahm
Schröpfen	regelmäßiges Einschneiden z.B. eines Karpfenfilets, damit sich die Y-Gräten beim Kochen leichter auflösen und dadurch beim Essen nicht stören
Sülze/Sulz	Aspik
Vinaigrette	Dressing aus Öl, Essig und weiteren Zutaten
Weißfisch	Begriff aus der Angler- bzw. Küchensprache für karpfenartige Fische
Zesten	dünne Streifen aus Zitrusfruchtschalen

Bezugsquellen und Adressen

für den Einkauf von Frischfischen

Wir empfehlen euch, Fischereien oder FischzüchterInnen in eurer unmittelbaren Umgebung zu besuchen und dort einzukaufen, wo ihr ein gutes Gefühl und einen persönlichen Kontakt habt. Beim Fischhändler eures Vertrauens, aber auch auf Wochenmärkten werdet ihr vielfach bereits ein Angebot an regionalen Frischfischen und -produkten finden. Vielleicht inspiriert euch unser Buch ja zu einem Ausflug zu einer der Fischereien. Als Konsumenten könnt ihr durch eure Nachfrage beim Händler, im Supermarkt, aber auch in eurem Lieblingsrestaurant zum Angebot regionaler Fische anregen. Viele Fischerei-Betriebe bieten auch bereits den bequemen Online-Versand an.

Hier haben wir für euch eine kleine persönliche Auswahl empfehlenswerter Anbieter bzw. Informationsportale zusammengestellt:

Allgemeine Informationen zu Bezugsquellen   *Deutschland*

Genossenschaft oberbayerischer Berufsfischer & Teichwirte
Sehr guter Überblick über alle nennenswerten Fischereibetriebe in Bayern, bietet Wildfangliebhabern alle wichtigen Adressen zum nachhaltigen Fischeinkauf.
www.fischerei-oberbayern.de

Naturland – Verband für ökologischen Landbau e. V.
Große Auswahl an zertifizierten Fischereien und Handelspartnern in ganz Deutschland.
www.naturland.de/de/partner/partnerliste

Empfehlenswerte Fischereien und Händler

Forellen-Abel GmbH
www.forellen-abel.de

Bio-Gutshof Lechbauer
www.lechbauer.de/bio-forellen

Chiemseefischerei Thomas & Florian Lex
auch Online-Shop
www.chiemseefischerei-lex.de

Lüske Handels GmbH
http://www.bioluesske.de/

Österreich

Allgemeine Informationen zu Bezugsquellen

Österreichische Bundesforste AG
Informationen zu Wildfang-Fischereien und Restaurants, die Wildfang-Fische anbieten
www.bundesforste.at/leistungen/fischerei/seefischerei.html

Verband Österreichischer Forellenzüchter
Kontaktdaten vieler Direktvermarkter aus ganz Österreich
www.forellenzuchtverband.at/betriebe

Neusiedlersee Fische - Produzenten und Verarbeiter
www.bmlrt.gv.at/land/lebensmittel/trad-lebensmittel/fisch/neusiedlersee_fisch.html

Niederösterreichischer Teichwirteverband
www.teichwirteverband-noe.at

Verein österreichischer Seenfischer e. V.
Seenfischer aus Oberösterreich und Salzburg
www.seenfischer-oesterreichs.at

Teichwirte- & Fischzüchterverband Steiermark
www.teichwirteverband.at/?page_id=239

Verein Vorarlberger Berufsfischer
Obmann: DI (FH) Albert Bösch
Tel 0043 664/5055187
bertl.boesch@gmx.at

Empfehlenswerte Fischereien und Händler

Biofisch GmbH
www.biofisch.at

Bodenseefischerei Bösch
Rheinstraße 30 | 6974 Gaissau | Tel. 0043 5578/71124

Fischerei Ecker
www.fischerei-ecker.at

Finest Fish
auch Online-Shop
www.finestfish.at

Fischer in der Wies
www.fischer-in-der-wies.at

Traunseefischerei Erwin Graf
www.traunseegraf.at

Fisch Gruber GmbH
auch Online-Shop
www.fisch-gruber.at

Wolfgangsee Fischerei Höplinger
www.wolfgangsee-fischerei.at

Gut Hornegg
auch Online-Shop
www.gut-hornegg.at

Kärnten Fisch
www.kaerntenfisch.at

Bio-Fischzucht Familie Krieg
www.biofischzucht-krieg.at

Michi's Frische Fische
auch Online-Shop
www.michis-frische-fische.at

Interessengemeinschaft Millstätter See
www.ig-millstaettersee.at

Fischereibetrieb Payr
www.fischspezialist.at

Fischzucht Salmos
www.grossalm-biofisch.at

Schätze aus Österreich
auch Online-Shop
www.schaetzeausoesterreich.at/biofisch

Fischer Scheichl
www.fischer-scheichl.com

Familie Truskaller
www.feinstesvommaltataler.at

WEISSEN-SEE-FISCH
www.weissenseefisch.at

Alphabetisches Rezeptregister

Vom Markt auf den Tisch!

Die Vielfalt der Jahreszeiten in der eigenen Küche nutzen!

- ‣ **über 160 erprobte Rezepte mit saisonalen Zutaten**

- ‣ **umweltbewusste und nachhaltige Küche**

- ‣ **leicht verständliche, ausführliche Anleitungen**

- ‣ **viele Variationsmöglichkeiten bei den Zutaten für intuitives Kochen**

- ‣ **Klassiker aus Omas Küche und neue Rezepte**

- ‣ **mit praktischen Grundrezepten, Schritt für Schritt erklärt**

- ‣ **hilfreiche Tipps und Tricks**

„Wir wollten von Anfang an den Beweis erbringen, dass es möglich ist, absolut saisonal zu kochen, ohne dabei auf den Genussfaktor und auf Ausgewogenheit verzichten zu müssen."

Angela Hirmann
Ernst M. Preininger
Gaumenkino
Rezepte für die Freude an der Vielfalt
240 Seiten, fest gebunden
mit Fotografien von Wolfgang Hummer
€ 29,90
ISBN 978-3-7066-2560-9
auch als E-Book erhältlich